바젤3 시장리스크

Basel III Market Risk

신표준방법 해부

김미애

박영사

머리말

　금융시장은 지금 이 순간에도 끊임없이 변화가 지속되고 있으며 이러한 변화 속에서 많은 사람들이 리스크를 감수하며 수익을 얻고자 한다. 특히 저금리가 지속되는 시장상황에서 금융시장에 쏟아지는 다양한 금융상품들은 일반인들이 이해하기에는 무리가 있을 정도로 복잡성이 더해가고 있다. 실제, 역사적으로 가장 화려하게 금융시장을 흔들었던 복잡한 금융상품 중의 하나는 신용파생상품인 CDO이다.

　2007~2008년 서브프라임 글로벌 금융위기에 CDO라는 생소한 금융상품 하나로 금융경제 전반이 흔들림과 동시에 이러한 금융경제 충격이 실물경제 충격으로 전이되는 것을 우리 모두 실감하였다. 당시 금융공학자들이 만들어낸 괴물이라는 수식어가 붙을 정도로 해당 상품의 잠재된 시장리스크를 파악하는 것은 용이하지 않았다. 특히, 이러한 상품들이 갖는 시장리스크는 기존 시장리스크 규제자본 체계로는 도저히 포착할 수 없었다. 이에 BCBS는 바젤2 시장리스크 자본 체계의 대대적인 수정 작업에 착수하였다. 2012년부터 시작된 수정작업은 2019년 2월 바젤3 시장리스크 최종안을 확정하였으며 2023년 도입을 앞두고 현재 금융기관들이 시스템 개발 착수를 시작하고 있다.

　그동안 많은 사람들에게 친숙했던 시장리스크 측정 지표인 VaR는 ES(Expected Shortfall)에게 자리를 양보해야 한다. 또한 시장리스크를 측정하는 바로미터 같았던 바젤2.5 표준방법 체계도 더 이상 유효하지 않다. 바젤3에서 도입되는 신표준방법과 신내부모형 산출 체계는 금융공학자들이 접근해야만 할 정도로 난이도가 매우 많이 높아졌다. 따라서, 국내 금융기관들의 경우 바젤3 신내부모형으로 바로 가기에는 다소 무리가 있어 바젤3 신표준방법을 우선 고민하고 시스템을 개발하는 작업을 진행하고 있다.

저자가 직접 바젤3 시장리스크 신표준방법 시스템 개발 작업에 참여하면서 느낀 점은 1세대 퀀트로 오랜 기간 시장리스크 관련 업무에 종사한 사람조차 BCBS 원문이나 금감원의 기준서만으로는 실제 산출 체계를 이해하고 시스템을 개발하는 것이 결코 쉽지 않다는 것이다. 마치 법전처럼 항목별로 나열되어 있어 전체적인 그림이 머릿속에 남지 않았다. 또한 바젤3 시장리스크 신표준방법을 알기 위해서는 다양한 시장데이터와 금융상품에 대한 이해도를 바탕으로 리스크 산출 체계에 대한 이해까지 필요한 상황이다. 저자는 이러한 부분들을 누군가가 체계적으로 설명해주면 좋을 것 같다는 생각이 들었고 우선 저자에게도 전체적은 산출 체계를 정리한 자료가 필요했었다.

본 책을 통해 경제, 경영 및 금융 관련 분야 종사자 및 관련 학과 학생들이 2023년부터 시행될 바젤3 시장리스크 신표준방법 산출 체계를 직관적으로 이해할 수 있게 하고, 일련의 산출 체계를 시스템화하는 과정에서 제기되는 이슈들에 대한 해결 방안을 소개하고자 한다.

바젤2.5 표준방법 산출 체계는 은행권만이 아니라 금융투자업에서 시장위험액을 산출하는 데 차용되고 있어 향후 바젤3 신표준방법이 시행될 경우 금융투자업 시장위험액 산출 체계 역시 변화를 피할 수 없을 것으로 보인다.

현재 많은 문헌들은 이러한 신표준방법 산출 방법 및 시스템 개발을 위한 방향 제시를 하는 것이 대부분이어서 실제 신표준방법이 적용될 경우 트레이딩 포지션에 어떤 영향을 가져오는지 구체적으로 기술된 내용을 찾기 쉽지 않다. 이에 본 책에서는 구체적인 사례를 들어 시장리스크 규제자본에 대한 영향도 분석 결과를 보여주고자 한다.

또한, 기존 문헌에서 쉽게 접할 수 있는 신표준방법에 대한 명시지가 아닌 암묵지를 최대한 전달하고자 한다. 기계적인 산출 방법의 나열이 아닌 왜 이러한 산출 방법이 도입되었는지, 이러한 산출 방법이 어떤 영향을 가져오는지, 산출 다단계에 적용되는 무수한 숫자와 복잡한 수학 공식의 의미가 무엇인지 이해하는 데 도움이 되고자 한다.

본 책은 바젤3 시장리스크 신내부모형에 대해서는 간략히 소개하는 수준으로 마무리하지만 향후 신내부모형을 국내에 도입해야 할 경우 신내부모형 해부 작업은 다음 숙제로 남겨두려 한다.

마지막으로 끊임없는 믿음과 응원을 아끼지 않았던 가족들에게 고마움을 전하며 이 책의 출간을 위해 도움을 주신 박영사 모든 분들에게 깊은 감사를 드린다.

2021년 9월

저자 김미애

목 차

CHAPTER 01 글로벌 시장리스크 규제 ──────────── 2

   1. 시장리스크 규제 역사 ··· 2
   2. 글로벌 현황 ··· 4
   3. 국내 현황 ··· 5

CHAPTER 02 주요 용어집 ──────────────── 8

   1. 일반 ·· 8
   2. 상품 ·· 8
   3. 평가 ·· 9
   4. 규제자본 ··· 9
   5. 리스크 측정 ·· 10
   6. 리스크 헤지 및 분산 ·· 11
   7. 거래상대방리스크 ·· 12
   8. 기타 ··· 12

CHAPTER 03 신표준방법 산출 구조 ──────────── 16

   1. 리스크 구분 ·· 16
      1.1. 민감도기반리스크 _ 19
      1.2. 부도리스크 _ 22
      1.3. 잔여리스크 _ 24

2. 측정 체계 ·· 24

    2.1. 민감도기반리스크 _ 24

    2.2. 부도리스크 _ 48

    2.3. 잔여리스크 _ 56

3. 시장리스크 규제자본 ··· 57

CHAPTER 04 상품별 규제자본 산출 ──────────────── 60

1. 주식 ·· 60

    1.1. 주식현물 _ 60

    1.2. 주식선물 _ 67

    1.3. 주식옵션 _ 69

    1.4. 주식 구조화 상품 _ 72

2. 금리 ·· 75

    2.1. 금리스왑 _ 75

    2.2. 국채선물 _ 76

    2.3. 금리옵션 _ 77

    2.4. 금리 구조화 상품 _ 78

3. 통화 ·· 80

    3.1. 현물환 _ 80

    3.2. 통화선도 _ 82

    3.3. 통화스왑 _ 82

    3.4. 통화옵션 _ 83

    3.5. 통화 구조화 상품 _ 85

4. 신용(비유동화) ··· 86

    4.1. 위험채권(Risky Bond 또는 Bond with Credit Risk) _ 86

5. 신용(유동화: CTP 제외) ··· 87

    5.1. 자산유동화증권(ABS: Asset Backed Security) _ 87

6. 신용(유동화: CTP) ··· 88

    6.1. 신용 구조화 상품(e.g. Synthetic CDO) _ 88

CHAPTER 05 데스크별 산출 ──────────────── 90

  1. 채권운용데스크 ·························· 90

  2. 주식운용데스크 ·························· 92

  3. 외환딜링데스크 ·························· 95

  4. 주식파생데스크 ·························· 96

  5. 통화파생데스크 ·························· 100

  6. 금리파생데스크 ·························· 101

CHAPTER 06 기관별 산출 ──────────────── 104

CHAPTER 07 구표준방법 vs. 신표준방법 ────────── 108

  1. 버킷(Bucket) 도입 ······················ 108

  2. 상관계수 시나리오 ······················ 110

  3. 투과법(LTA, 기초자산접근법) ············ 111

  4. 감마 vs. 커버쳐 ························ 112

  5. 개별리스크 vs. 부도리스크 ·············· 116

    5.1. 구표준방법 개별리스크(금리) _ 116

    5.2. 신표준방법 부도리스크(비유동화) _ 117

  6. 유동성 기준 통화 분류 ·················· 117

CHAPTER 08 포지션 관리 전략 ─────────────── 122

  1. 비선형 파생상품 규제자본 관리 강화 ······ 122

  2. 신용리스크 수반 포지션 관리 강화 ········ 123

  3. 표준신용등급 및 섹터정보 관리 강화 ······ 123

  4. 투과법 적용 대상 포지션 관리 강화 ········ 124

  5. 부도리스크 상계효과 활용 ··············· 124

CHAPTER 09 신표준방법 이슈 사항 점검 ─────────── 128

1. 리스크요소 설정 ·· 128
    1.1. 금리 _ 128
    1.2. 신용스프레드 _ 128
    1.3. 레포 금리 _ 129
    1.4. 환율 _ 129

2. 민감도 산출 ·· 130
    2.1. 민감도 산출 세부 방법 _ 130
    2.2. 민감도 산출 결과 _ 130

3. 민감도 매핑 ·· 132
    3.1. 리스크요소 매핑 _ 132
    3.2. 버킷 매핑 _ 133

4. 데이터 관리 ·· 134

5. 지수 관련 상품 분해 ·· 136

6. 금리옵션 평가모형 ·· 137

7. 현물주식 자본 시계 ·· 138

8. Libor 고시 중단 대응 ·· 138

CHAPTER 10 시장리스크 규제 vs. 거래상대방리스크 규제 ──────── 142

1. CVA리스크 규제자본 ··· 142

2. 개시증거금(SIMM) ··· 144

CHAPTER 11 CTP 소개 ──────────────────── 148

1. 정의 ··· 148

2. 부도상관관계 ·· 149

3. 상품 ··· 151

4. 트레이딩 전략 ··· 151

CHAPTER 12 바젤3 QIS 양식 ──────────────── 156

1. 바젤2.5(구표준방법 및 구내부모형) ···················· 156

2. 바젤3(신표준방법) ································· 158

CHAPTER 13 바젤3 산출방법 선택 시 이슈 ───────── 164

1. 구내부모형에서 신표준방법으로 변경 ··················· 164

2. 구내부모형에서 신내부모형으로 변경 ··················· 165

　　2.1. 유동성 시계 _ 166

　　2.2. ES _ 168

　　2.3. 데스크별 내부모형 승인 _ 169

　　2.4. Stressed ES _ 170

　　2.5. 리스크요소 적격성 테스트 _ 170

　　2.6. 모형화 불가능한 리스크요소(NMRF: Non-Modellable Risk Factor) _ 171

　　2.7. 손익요인분석(PLA: P&L Attribution Test) _ 171

　　2.8. 부도리스크 모형 _ 173

찾아보기 ──────────────────────── 199

표 목차

표 1-1. 시장리스크 규제 도입 ·· 3

표 1-2. BCBS QIS Template(IRC, CRM) ···························· 6

표 3-1. 민감도기반리스크 리스크군별 버킷 및 위험가중치 ············· 20

표 3-2. 리스크요소(델타) ·· 21

표 3-3. 리스크요소(베가, 커버쳐) ······································ 21

표 3-4. 부도리스크 리스크군별 버킷 ·································· 23

표 3-5. 통화별 금리커브 생성(예시) ··································· 26

표 3-6. 리스크군별 민감도 산출 ······································· 29

표 3-7. 금리 위험가중치 ·· 31

표 3-8. 신용(비유동화) 위험가중치 ···································· 32

표 3-9. 신용(유동화: CTP 제외) 위험가중치 ·························· 33

표 3-10. 신용(유동화: CTP) 위험가중치 ······························ 34

표 3-11. 주식 위험가중치 ··· 35

표 3-12. 상품 위험가중치 ··· 36

표 3-13. 외환 위험가중치 ··· 38

표 3-14. 버킷내 상관계수 (전체) ······································· 38

표 3-15. 버킷간 상관계수 (전체) ······································· 39

표 3-16. 금리 델타 버킷내 상관계수 ··································· 39

표 3-17. 금리 베가 버킷내 상관계수 ··································· 41

표 3-18. 신용(비유동화) 델타 버킷간 상관계수 ······················· 42

표 3-19. 주식 델타 버킷내 상관계수 ··································· 43

표 3-20. 주식 델타 버킷간 상관계수 ·· 44

표 3-21. 상품 델타 버킷내(간) 상관계수 ·· 45

표 3-22. 민감도기반리스크 규제자본 단계별 산식 (델타, 베가) ············ 46

표 3-23. 민감도기반리스크 규제자본 단계별 산식 (커버쳐) ············· 47

표 3-24. 상관계수 시나리오 ··· 48

표 3-25. 리스크군별 부도리스크 규제자본 ···································· 50

표 3-26. 부도리스크 위험가중치(비유동화) ··································· 51

표 3-27. 부도리스크 위험가중치(CTP 제외, 단기 외부신용등급법) ········ 52

표 3-28. 부도리스크 위험가중치 상하한(CTP 제외, 장기 외부신용등급법) ···· 53

표 3-29. 선순위 트렌치 위험가중치(유동화: CTP 제외) ····················· 54

표 3-30. 비선순위 트렌치 위험가중치(유동화: CTP 제외) ··············· 55

표 3-31. 시장리스크 규제자본 산출 체계 ····································· 57

표 3-32. 민감도기반리스크 산출 시 특정 리스크군 산출 체계 ·············· 57

표 4-1. 주가지수 선물 규제자본 수준 비교(액면금액 대비) ··············· 69

표 4-2. 주가지수 장내 옵션 민감도리스크 규제자본 수준 비교 ············· 71

표 4-3. 주가지수 장내 옵션 규제자본 수준 비교(액면금액 대비) ·········· 72

표 4-4. 이자율스왑 규제자본 수준 비교(액면금액 대비) ····················· 76

표 4-5. 통화옵션 규제자본 수준 비교(액면금액 대비) ························· 85

표 5-1. 주식파생데스크 규제자본(예시) ·· 98

표 5-2. 주식파생데스크 거래유형별 민감도 산출 대상(예시) ················ 99

표 5-3. 통화파생데스크 규제자본(예시) ·· 101

표 5-4. 금리파생데스크 규제자본(예시) ·· 102

표 6-1. 기관 규제자본 예시(규제자본 결정 상관계수 시나리오: High) 105

표 6-2. 상품 유형별 규제자본 구성 내역 ····································· 106

표 7-1. 버킷(민감도기반리스크 vs. 부도리스크) ··························· 110

표 7-2. 상관계수 수준별 시나리오 비교 ······································ 111

표 7-3. 투과법 적용 기준 ·· 112

표 7-4. 환 헤지 포지션 인식(CNY vs. CNH) ······························ 118

표 9-1. 리스크군별 필요 데이터 및 체크 포인트 ································ 136

표 10-1. SA-CVA vs. 신표준방법 ·· 143

표 10-2. 신표준방법 vs. 개시증거금(SIMM) ························· 146

표 12-1. QIS양식(구표준방법 및 구내부모형) ······················· 156

표 12-2. QIS양식(신표준방법: 전체) ··································· 158

표 12-3. QIS양식(신표준방법: 금리 리스크군) ······················ 159

표 12-4. QIS양식(신표준방법: 외환 리스크군) ······················ 160

표 12-5. QIS양식(신표준방법: 상관계수 시나리오) ·················· 161

표 12-6. QIS양식(신표준방법: 리스크군별 부도리스크) ············ 161

표 12-7. QIS양식(신표준방법: 비유동화 신용등급별 부도리스크) ········ 162

표 13-1. 리스크요소별 유동성 시계(신내부모형) ···················· 167

표 13-2. VaR vs. ES ··· 169

표 13-3. 손익요인분석에 의한 영역구분(신내부모형) ··············· 172

그림 목차

그림 1-1. 시장리스크 규제 변천사 ································· 3

그림 3-1. 신표준방법 시장리스크 규제자본 체계 ···················· 18

그림 3-2. 커버쳐리스크 예시(a: 콜 옵션 매도, b: 풋 옵션 매도) ········· 29

그림 4-1. 잔존만기 및 Moneyness 변화에 따른 옵션 감마 변화 ········ 72

그림 7-1. 환 리스크 규제자본(구표준방법 vs. 신표준방법) ················ 118

그림 10-1. 개시증거금 산출모형(SIMM) ························ 144

그림 10-2. 개시증거금 산출 단계 ···························· 145

그림 11-1. 손실종료점과 부도상관계수 관계 ····················· 150

그림 13-1. 부도리스크 모형(Merton Model) ···················· 173

부록 목차

부록 1 투과법 적용을 위한 주가지수 데이터 정보(예시) 176

부록 2 구조화 상품 소개 185

부록 3 신용파생상품 소개 191

부록 4 간편법 197

글로벌
시장리스크 규제

글로벌 시장리스크 규제

1. 시장리스크 규제 역사

2002년부터 국내에 적용된 수정 바젤(Basel)1에서 Market VaR(Value at Risk) 측정 결과를 이용한 규제자본 산출이 시작되었다. 그 이후 2007~2008년 서브프라임 글로벌 금융위기에 포착된 시장리스크 규제자본 산출 체계 단점을 보완하기 위해 stressed VaR 개념을 도입한 바젤2.5가 2012년 국내에 적용되기 시작했다.

문제는 stressed VaR로 산출된 규제자본을 추가로 반영함으로 인하여 특정 트레이딩 포지션에서는 자기자본 차감이라는 비현실적인 상황이 나타나기도 했다. 이러한 현상은 내부모형과 표준방법 간 규제자본 차익을 발생시킬 수 있기도 하였다. 예를 들어, 주식 포지션의 경우 표준방법으로 16% 규제자본이 부과되는 반면 내부모형으로 100%를 초과하는(VaR 10%, stressed VaR 20%, 부가승수3.5, 개별리스크 8%를 가정할 경우 113%) 규제자본이 부과될 수 있는 상황을 초래하였다.

오랜 기간 동안 논의되고 수정된 바젤3 시장리스크 규제 "트레이딩 계정의 근본적 재검토(Fundamental Review of the Trading Book)"는 2019년 최종안이 발표되었으며 도입 시점을 2022년으로 공표하였다. 그러나 2020년 전 세계를 흔든 코로나-19 사태로 인하여 도입 시점이 1년 연기된 2023년으로 변경되었다.

바젤3 시장리스크 규제는 "근본적" 재검토 단어가 지칭하듯이 산출 체계의 전면 변경을 가져왔다. 산출 방법은 초보자가 접근하기에는 다소 무리가 있을 정도로 많은 산식이 포함되어 있어 혹자는 금융공학자들만 접근할 수 있는 산출 체계라고 말하기도 한다. 산출 방법만이 아니라 산출 대상 범위도 확대되었다. 서브프라임 글로벌 금융위기 시 이슈가 되었던 부채담보부증권(CDO: Collateralized Debt Obligations)에 대한 시장리스크 규제자본의 정확한 측정을 위해 바젤2.5까지 존재하지 않던 신용스프레드 리스크군을 도입하였으며 신용스프레드 리스크군을 3개의 군(비유동화, 상관관계 트레이딩 포트폴리오 제외 유동화, 상관관계 트레이딩 포트폴리오 유동화)로 세분화하여 버킷 및 위험가중치를 차별화하고 있다.

이러한 바젤3 시장리스크 규제자본 산출 체계는 거래상대방리스크 관련 CVA(Credit Value Adjustment: 신용가치조정) 규제자본 산출이나 개시증거금 산출에도 차용하고 있어 기본적인 논리를 이해할 경우 폭넓은 글로벌 규제 체계를 이해하는 데 도움이 될 것으로 보인다. [표 1-1]은 바젤 시장리스크 규제 체계 변화에 따라 국내에 도입된 시점 및 시장리스크 내부모형 측정기준의 변천사(VaR → VaR + stressed VaR → stressed ES)를 보여준다. 특히, 바젤3 도입을 위한 CP(Consulting Paper)가 지속적으로 수정되어온 것을 알 수 있다.

표 1-1 시장리스크 규제 도입

Basel	연도	주요 내용
1	2002.01	바젤1 시장리스크 규제자본 체계 국내 시행(VaR)
2	2008.01	바젤1 시장리스크와 동일
2.5	2012.01	바젤2.5 시장리스크 규제자본 체계 국내 시행(VaR + stressed VaR)
3	2012.05	트레이딩 계정 근본적 재검토 1차 초안 발표
	2013.10	트레이딩 계정 근본적 재검토 2차 수정안 발표
	2014.12	트레이딩 계정 근본적 재검토 3차 수정안 발표
	2019.02	트레이딩 계정 근본적 재검토 최종안 발표
	2023.01	바젤3 시장리스크 규제자본 체계 국내 시행(예정일) (stressed ES)

그림 1-1 시장리스크 규제 변천사

2. 글로벌 현황

바젤3 시장리스크 규제자본 산출 체계는 2012년부터 국내에 적용 중인 바젤 2.5 산출 체계와는 근본적으로 상이하여 산출 체계에 대한 이해 및 직관을 갖는 것은 결코 쉬운 일이 아니다. 또한 개별리스크를 표준방법으로 산출하는 한국 특성상 바젤3 시장리스크 내부모형 도입은 결코 용이하지 않은 상황이므로 바젤3 기준 표준방법(이하 신표준방법) 적용은 피할 수 없는 상황이다.

글로벌 대형 투자 은행들 중심으로 바젤3 기준 내부모형(이하 신내부모형)을 준비 중에 있으나 stressed ES, 유동성 시계 설정, 내부모형 승인을 위한 데스크 구분, 적격 리스크요소 설정, 손익요인분석, 부도리스크 모형 설정 등 많은 이슈들이 끊임없이 제기되고 있다. 그러나, 이러한 이슈들이 국내의 경우에는 아직 피부에 와닿지 않는다. 왜냐하면 신표준방법에서부터 많은 이슈들이 제기되고 있어 신내부모형의 이슈까지 고민할 단계가 아니기 때문이다.

이에 본 책에서는 국내 금융기관이 도입해야 하는 신표준방법 산출 체계에 대한 직관적인 이해를 돕고 일련의 산출 체계를 구현화하는 과정에서 제기되는 이슈에 대한 해결 방안을 제시하고자 한다. 그리하여 향후 국내 시장리스크 관리자들의 업무 수행에 조금이나마 도움이 되며 신표준방법을 이해하는 지침서로 사용될 수 있기를 바라는 마음이다.

바젤2.5 표준방법(이하 구표준방법) 산출 체계는 은행권만이 아니라 NCR(Net Capital Ratio: 영업용 순자본 비율)을 적용하는 금융투자업에서 시장위험액을 산출하는데 차용되고 있어 향후 바젤3 신표준방법이 시행될 경우 금융투자업 시장위험액 산출 체계 역시 변화를 피할 수 없을 것으로 보인다.

현재 많은 문헌들은 이러한 신표준방법 산출 방법 및 산출 시스템 개발을 위한 방향 제시를 하는 것이 대부분이어서 실제 신표준방법이 적용될 경우 트레이딩 포지션에 어떤 영향을 가져오는지 구체적으로 기술된 내용을 찾기 쉽지 않다. 이에 본 책에서는 구체적인 사례를 들어 시장리스크 규제자본에 대한 영향도 분석 결과를 보여주고자 한다.

기존 문헌에서 쉽게 접할 수 있는 신표준방법에 대한 명시지가 아닌 암묵지를 최대한 전달하고자 한다. 기계적인 산출 방법에 대한 설명이 아닌 왜 이러한 산출 방법이 도입되었는지, 이러한 산출 방법이 어떤 영향을 가져오는지, 산출 다단계에 적용되는 무수한 숫자와 복잡한 수학 공식의 의미가 무엇인지 이해하는 데 도움이 되고자 하는 것이 본 책을 쓰는 궁극적인 목적 중의 하나이다.

3. 국내 현황

국내 은행권에서 시장리스크 내부모형을 적용하는 은행은 실제 일반시장리스크에 대해서만 적용하고 있으며 개별리스크는 표준방법으로 적용하고 있다. 이러한 특성은 일반시장리스크 및 개별리스크 모두 내부모형을 적용하는 해외 기관들과 근본적인 차이점이 있다.

바젤3 기준 내부모형(이하 신내부모형)은 바젤2.5 기준 일반시장리스크 및 개별리스크 모두 내부모형(이하 구내부모형)을 적용하는 은행에서 준비가 가능한 수준이다. 예를 들어, 국내은행에서 오랜 기간 시장리스크 내부모형을 관리하고 있는 실무자조차 IRC(Incremental Risk Charge) 또는 CRM(Comprehensive Risk Measure)과 같은 단어에 익숙하지 않다. 이는 바젤2.5에서 개별리스크를 내부모형으로 산출할 경우 반영되어야 하는 개념들이다.

[표 1-2]는 BCBS 규제자본 계량영향평가(QIS: Quantitative Impact Study) 양식의 일부로, 바젤2.5 기준 시장리스크 규제자본 세부 산출 대상에 IRC와 CRM이 별도로 구분되어 있음을 보여주고 있다.

이러한 IRC에서 업데이트된 개념이 신내부모형의 DRC(Default Risk Charge)이기 때문에 개별리스크를 표준방법으로 측정하던 국내은행들이 갑자기 신내부모형 DRC 개념을 이해하고 이를 시스템으로 구현하여 감독기관에 승인을 받는 것은 현실적으로 많은 어려움이 예상된다.

실제 신내부모형 DRC에서는 신용위험가중자산 산출 방법인 K-함수의 근원이 되는 "One-Factor Gaussian Copula Model"보다 진화된 "Two-Factor Gaussian Copula Model" 이상을 요구하고 있다. 그러나 이러한 모형을 설계하고 본 모형을 금융감독원이 승인하기 위한 조건들을 명시하기까지 가야할 길이 너무 멀다. 따라서 국내의 경우 그 어느 때보다 신표준방법의 중요성이 더욱 대두되는 상황이다.

표 1-2 BCBS QIS Template(IRC, CRM)

a) Standardised apporoach(SA), of which
Interest rate risk, of which
Total general interest rate risk
Total specific interest rate risk, of which
Non-securitisation instruments
Securitisation instruments
Correlation trading portfolio
Additional requirements for option risks for debt instruments
Equity position risk, of which
Total general equity risk
Total specific equity risk
Additional requirements for option risks for equity instruments
Foreign exchange risk, of which
Total general foreign exchange risk
Additional requirements for option risks for FX instruments
Commodity risk, of which
Total general commodity risk
Additional requirements for option risks for commodity instruments
b) Internal models approach(IMA), of which:
Internal models approach (VaR and SVaR-based measures), actual capital requirement
Current 10-day 99% value-at-risk(without applying the multiplier)
10-day 99% stressed value-at-risk(without applying the multiplier)
Incremental risk charge
Comprehensive risk measure
Risks not in VaR

주요 용어집

주요 용어집

1. 일반

- **시장리스크**: 시장가격 변동으로 인하여 리스크 포지션에서 손실이 발생할 수 있는 리스크
- **파생상품 명목금액**: 기초자산의 시장가격과 상품에 내재된 기초자산의 수량을 곱하여 계산되는 값
- **트레이딩 데스크**: 수익창출 또는 시장 참여를 목적으로 리스크를 부담하고 관리하면서 명확한 트레이딩 전략을 수행하는 사업부문 내 트레이더 또는 트레이딩 계좌의 그룹을 의미
- **가치평가모형**: 평가변수의 함수로 상품 가치를 결정(시가평가 또는 모형평가)하거나 리스크요소의 함수로 상품 가치의 변동을 결정하는 데 사용하는 모형

2. 상품

- **금융상품**: 계약의 일종으로 동시에 거래당사자 중 한쪽에는 금융자산을 다른 한쪽에는 금융부채 또는 지분 상품을 발생시킴. 금융상품은 현물 상품만이 아니라 파생 상품까지 포괄
- **상품**: 금융상품, 외환상품, 일반상품 등을 의미
- **내재파생상품**: 파생상품이 아닌 주 계약과 함께 복합 상품의 구성요소임.

예를 들어 전환사채의 전환 옵션은 내재파생상품에 해당

- **투과법**(기초자산접근법, Look-Through Approach): 기초자산이 있는 포지션(예: 지수, 펀드 또는 파생상품 등)의 규제자본을 산출할 때 사용하는 방법으로 해당 기초자산을 직접 보유하는 것으로 가정하는 방법

3. 평가

- **만기수익률**(YTM: Yield-To-Maturity): 시장수익률, 유통수익률 또는 내부수익률 등으로 지칭하며 채권의 현재가치가 오늘의 시장가격과 같아지게 하는 할인율
- **Par rate**: 눈에 보이는 이자율(시장에서 고시되는 금리)로 채권의 가격을 액면가로 만들어 주는 쿠폰 금리로 대표적인 par rate은 이자율 스왑 금리임
- **Zero rate**: Spot rate이라고도 하는 눈에 보이지 않는 이자율로 할인채는 zero rate과 par rate이 일치하지만 이표채는 par rate에서 zero rate을 추출해야 함. 이러한 추출 과정을 bootstrapping이라고 함
- **내재변동성 곡면**(Implied Volatility Surface): 시장에서 거래되는 옵션가격에 내재된 기초자산의 변동성을 만기와 행사가격에 따라 추출하여 생성한 곡면

4. 규제자본

- **리스크요소**(Risk Factor): 상품 가치 변동을 유발하는 주요 결정 요인으로 금리, 신용스프레드, 주가, 상품가격, 환율, 변동성 등을 의미
- **리스크 포지션**(Risk Position): 리스크요소 변동에 의하여 손실이 발생할 수 있는 현재가치의 특정 부분을 의미. 예를 들어 은행의 보고 통화와 다른 통화로 표시된 채권은 일반금리리스크, 신용스프레드리스크(비유동화), 외환리스크에 대한 리스크 포지션을 가짐. 따라서 해당 채권의 리스크 포지션은 이와 같은 리스크요소의 변동으로 인하여 발생할 수 있는 손실을 말함
- **리스크버킷**(Risk Bucket): 유사한 특성을 갖는 리스크요소 그룹으로 신표준방법에서 등장

- **리스크군**(Risk Class): 시장리스크 규제자본 산출의 기준이 되는 리스크 유형으로 일반금리리스크, 신용스프레드리스크(비유동화), 신용스프레드리스크(유동화: 상관관계 트레이딩 포트폴리오 제외), 신용스프레드리스크(유동화, 상관관계 트레이딩 포트폴리오), 외환리스크, 주식리스크, 일반상품리스크

5. 리스크 측정

- **민감도**: 상품에 내재된 리스크요소의 작은 변동으로 인해 발생하는 상품 가치의 변동
- **델타 리스크**(Delta Risk): 리스크요소의 가치 변동으로 인해 발생하는 상품 가치의 선형 변동
- **베가 리스크**(Vega Risk): 기초자산 내재변동성이 변하는 경우 파생상품의 가치가 변할 수 있는데, 이때 발생하는 상품 가치 변동
- **커버쳐리스크**(Curvature Risk): 옵션성(optionality) 금융상품에서 리스크요소의 변동으로 인해 델타 리스크를 초과하여 발생하는 추가적인 잠재적 손실을 의미. 시장리스크 표준방법에서 커버쳐리스크는 개별 리스크요소의 상·하방 충격에 대한 두 가지 스트레스 시나리오로 산출
- **최대예상손실액**(VaR: Value at Risk): 주어진 보유기간 및 신뢰수준에서 시장 상황 변화로 인해 발생할 수 있는 포트폴리오의 최대 예상 손실
- **위기상황하에서 최대예상손실액**(Stressed VaR): 측정일 기준 최근 특정 기간 시장데이터를 사용하는 VaR와는 다르게 서브프라임 글로벌 금융위기와 같은 극단의 위기상황 시장데이터를 사용하여 산출하는 VaR를 말함. 바젤2.5에서 도입된 개념으로 시장리스크 규제자본 산출 시 VaR에 추가적으로 반영하도록 하고 있음
- **ES**(Expected Shortfall): 주어진 신뢰수준에서 VaR를 초과하여 발생할 수 있는 손실의 평균. VaR를 초과하는 손실 기대 값을 손실이 VaR보다 더 큰 값이 나올 확률로 나눈 값으로 산출. 정규분포 가정 시 VaR(99%)와 ES(97.5%)는 유사한 수준으로 구내부모형 VaR(99%) 대신 신내부모형에서는 stressed ES(97.5%)를 도입함

- **불연속부도리스크**(JTD: Jump-To-Default): 갑작스러운 부도에 대한 리스크로 JTD 익스포져는 JTD로 인해 발생 가능한 손실을 의미
- **유동성 시계**(Liquidity Horizon): 스트레스 상황에서 시장가격에 중대한 영향을 미치지 않으면서 리스크 포지션을 청산하거나 헤지하는데 필요하다고 가정하는 시간을 의미
- **크로스 감마**(Cross Gamma): 옵션 기초자산이 둘 이상인 경우 기초자산 1의 변화에 대한 기초자산 2의 델타 변화를 말함. 크로스 감마는 시장에서 헤지하기 불가능한 변수이기도 하여 ELS(Equity-Linked Securities) 북운용 시 대표적인 손실 원인으로 종종 등장
- **모노 감마**(Mono Gamma): 크로스 감마와는 다르게 기초자산 1의 변화에 대한 기초자산 1의 델타 변화로 보통 감마로 부르는데 크로스 감마와 구분할 경우 사용되는 용어
- **이론손익**: 트레이딩 데스크 리스크관리 모형의 가치평가 엔진으로 산출하며 모형화 가능성과 무관하게 모든 리스크요소를 포함하는 것을 말함
- **가상손익**: 사후검증의 가상손익으로 포지션을 고정하고 시장 데이터 변경 시 발생되는 손익

6. 리스크 헤지 및 분산

- **베이시스 리스크**(Basis Risk): 헤지 전략에 포함된 여러 상품의 가격이 불완전한 상관관계를 가져 헤지 전략의 유효성이 감소하는 리스크(예: 현물과 선물의 베이시스)
- **분산효과**: 완전한 상관관계를 갖지 않는 여러 상품들의 리스크 포지션을 보유함으로써 포트폴리오 단위에서 리스크가 감소하는 효과
- **헤지**(Hedge): 상관관계를 갖는 상품들의 리스크 포지션을 매입 또는 매도하여 익스포져를 조절하는 과정
- **상쇄**(Offsetting): 동일한 리스크요인을 갖는 리스크 포지션을 매입 또는 매도하여 익스포져를 없애는 과정

7. 거래상대방리스크

- **신용가치조정**(CVA: Credit Value Adjustment): 거래상대방 신용리스크를 반영하는 파생상품 가치의 조정
- **CVA리스크**: CVA 변동에 의한 파생상품 및 증권금융 거래의 손실 리스크. CVA 변동은 거래 가치에 영향을 미치는 거래상대방 신용스프레드 또는 시장 리스크요소 변동에 의하여 발생
- **개시증거금**: 거래상대방의 계약불이행 시 발생할 손실을 대비하기 위해 교환하는 금액으로 선물거래 계약 때에 예치하는 보증금을 나타내는 협의로도 사용
- **변동증거금**: 파생상품 시가평가금액 변동에 의해 발생 가능한 손실을 대비하기 위해 교환하는 금액
- **SIMM**(Standard Initial Margin Model): 개시증거금의 대표적인 계량 모형으로 국제 스왑 파생상품 협회(ISDA: International Swaps and Derivatives Association)에서 개발하였으며 산출 체계가 바젤3 시장리스크 신표준방법과 유사함

8. 기타

- **상관관계 트레이딩 포트폴리오**(CTP: Correlation Trading Portfolio): 특정 요건을 충족하는 유동화 익스포져와 특정순위부도종결조건(Nth-To-Default: NTD) 신용파생상품을 포함하는 포트폴리오. 직관적으로 합성 부채담보부증권(Synthetic CDO)이나 바스켓 신용부도스왑이 담긴 포트폴리오로 관련 준거자산의 시장 유동성이 풍부해야 함
- **추가리스크부과**(IRC: Incremental Risk Charge): 내부모형에 의한 개별리스크 산출 시 추가되는 규제자본
- **포괄리스크측정**(CRM: Comprehensive Risk Measure): 내부모형으로 상관관계 트레이딩 포트폴리오에 대한 개별리스크 산출 시 필요한 추가 요건. 트렌치 상품 내 부도 순서를 포함하여 다수의 부도로 인한 누적적인 리스크, 감마 및 크로스 감마 효과를 포함한 신용스프레드리스크, 스프레드와 상관관계

의 교차 효과를 포함한 내재 상관관계의 변동성 등을 포함

- **K-함수**: PD, LGD, 상관계수, 예상손실, 유효만기조정, 만기 등을 입력 변수로 하는 신용위험가중자산 산출 시 사용되는 소요자기자본율
- **One-Factor Gaussian Copula Model**: 단일 요인 체계적 위험이 정규분포를 따른다는 가정하에 다변수 결합 분포를 모형화한 것을 말함
- **트레이딩 데스크**(Trading Desk): 명확한 리스크관리 체계하에서 잘 정의된 사업전략을 수행하는 트레이더 또는 트레이딩 계좌 그룹
- **외부신용등급법**(External Ratings-Based Approach, SEC-ERBA): 유동화 익스포져 신용위험가중자산을 산출하는 방법 중의 하나로 외부신용등급 또는 추정등급이 존재할 경우 동 등급별 위험가중치를 익스포져에 곱하여 위험가중자산을 산출
- **레포**(Repo)**금리**: 환매조건부채권 금리라고도 하는데 시장에서 채권을 담보로 현금을 빌릴 때 드는 비용으로 도매 자금의 지표 금리임
- **버뮤단**(Bermudan) **옵션**: 미리 정한 특정 날짜에 한해서만 권리를 행사할 수 있는 옵션으로 유럽형(만기일에만 행사) 옵션과 미국형(어느 시점이나 행사) 옵션의 중간 형태이다.
- **거래승수**: 선물옵션을 계약하는 최소 거래단위
- **Moneyness**: 옵션의 내재가치를 나타내며 콜 옵션은 "기초자산가격/행사가격", 풋 옵션은 "행사가격/기초자산가격" 기준으로 측정한다. 등가격 옵션은 100%, 외가격 옵션은 100% 미만, 내가격 옵션은 100% 초과인 경우를 말한다.
- **OIS**(Overnight Indexed Swap): Overnight(익일물) 금리의 기하평균으로 결정되는 변동금리 이자와 고정금리 이자를 교환하는 스왑 거래

신표준방법
산출 구조

신표준방법 산출 구조

1. 리스크 구분

신표준방법은 크게 민감도기반리스크(또는 민감도리스크), 부도리스크, 잔여리스크 세 개 영역으로 구분하여 산출하며 단순 합산한 결과가 최종 규제자본이 된다. 구표준방법은 포지션 거래정보만으로도 규제자본이 결정되어 연산이 용이한 반면 신표준방법은 민감도기반리스크 규제자본을 결정하기 위해 거래별 민감도 산출이 필요하다.

민감도 산출은 구표준방법에서도 옵션리스크를 계산하기 위해 동일하게 존재하던 개념이지만 신표준방법에서는 옵션과 같은 비선형파생상품만이 아닌 모든 포지션에 대하여 민감도 산출을 요구하고 있으며 민감도 역시 구표준방법에서 델타, 베가, 감마를 사용했다면 신표준방법에서는 델타, 베가, 커버쳐를 사용하는 차이점이 있다. 결국 트레이딩 포지션의 리스크를 정교하게 측정하고자 하는 의도가 투영된 산출 체계라 할 수 있다.

부도리스크는 구표준방법에서 개별리스크라는 개념으로 표준신용등급에 따라 차등화된 위험가중치를 적용하는 금리와 동일 위험가중치를 적용하는 주식의 단순 합산 체계에서 벗어나 동일 발행자 기준으로 우선순위를 고려하여 상계를 허용하고 있으며 부도 시 실제 손실가능금액(JTD: Jump-to-Default)을 기준으로 측정하도록 설계되어 있다.

금융시장의 진화에 따라 복잡한 파생상품이 지속적으로 출시됨으로 인해 규격화된 리스크 측정 산출 체계로는 간과할 수 있는 리스크를 반영하기 위해 잔여리스크 개념을 도입한 것 역시 신표준방법의 특징이라 할 수 있다. 예를 들어, 바닐라 옵션들로 복제할 수 없는 이색 옵션들이나 주식, 금리, 통화, 상품, 신용 등과 같이 민감도기반리스크에서 포착하는 기초자산이 아닌 날씨, 장수, 변동성, 암호화폐 등처럼 독특한 자산 관련 트레이딩 포지션에는 거래금액의 일정 비율을 추가로 규제자본에 반영하도록 하고 있다.

　　[그림 3-1]은 신표준방법 기준 민감도기반리스크가 7개 리스크군을 대상으로, 부도리스크가 3개 리스크군을 대상으로 하고 있음을 보여준다.

- 민감도기반리스크 규제자본은 리스크군, 리스크버킷, 리스크요소(델타, 베가, 커버쳐) 순서로 세분화되며 리스크군별로 버킷 및 리스크요소 구분 기준이 상이하다.
- 부도리스크 규제자본은 리스크군, 리스크버킷 순서로 세분화되며 리스크군별로 버킷 구분 기준이 상이함과 동시에 JTD, 순JTD, 부도리스크 규제자본 산식이 상이하다.
- 잔여리스크 규제자본은 손익구조의 특수성(갭, 상관관계, 행동 리스크)과 이색 기초자산 둘을 기준으로 규제자본 부과 수준에서 차이가 발생한다.

그림 3-1 신표준방법 시장리스크 규제자본 체계

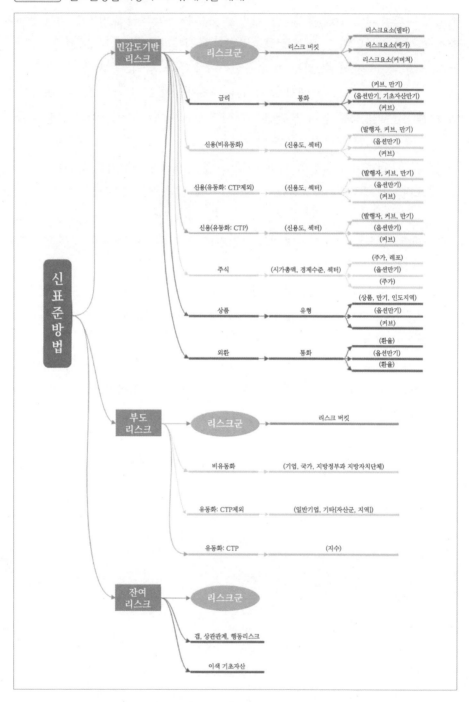

1.1. 민감도기반리스크

민감도기반리스크 규제자본 산출 체계는 리스크요소, 리스크버킷, 리스크군 세 단계로 bottom-up 방식을 준용한다. 리스크군(Risk Class)은 금리, 신용(비유동화), 신용(유동화: CTP 제외), 신용(유동화: CTP), 주식, 상품, 외환 총 7개로 구분되며 리스크군별 규제자본 산출 결과를 단순 합하면 민감도기반리스크 규제자본이 된다. 리스크군별 리스크버킷과 리스크요소는 각 리스크군 특성을 반영하여 설정되어 있으며 리스크버킷 내 상관계수 및 리스크버킷 간 상관계수 역시 리스크군 특성에 따라 차별화하여 설정되어 있다. 이러한 특징으로 인해 민감도기반리스크 규제자본을 산출하는 방법은 직관적으로 이해하는 것이 결코 쉽지 않다. 그러나 이러한 산출 체계는 시장리스크 규제자본 산출만이 아니라 개시증거금의 SIMM 모형, CVA 규제자본 산출 방법 중의 하나인 SA-CVA 산출 체계에서도 유사하게 적용하고 있어 본 산출 체계를 이해하는 것은 시장리스크만이 아니라 파생상품 관련 거래상대방리스크 산출 체계 역시 이해하게 되는 것이므로 중요한 의미가 있다.

첫째, 리스크군을 보면 구표준방법에 없던 새로운 리스크군 세 개가 추가된다. 신용스프레드가 변하거나 신용등급이 변화하는 리스크를 반영하기 위한 개념으로 신용(비유동화), 신용(유동화: CTP 제외), 신용(유동화: CTP)으로 구분된다. 비유동화포지션에 해당되는 것은 채권이 대표적이며 이때 채권에는 국채도 포함된다. 국채는 글로벌 기준으로는 신용리스크가 있기 때문에 반드시 포함된다. 유동화포지션(CTP 제외)은 ABS, MBS처럼 전통적인 유동화 상품을 생각할 수 있다. 마지막으로 유동화포지션(CTP)은 "Correlation Trading Portfolio"에 해당되는 바스켓 신용부도스왑이나 합성담보부증권처럼 해당 상품을 통해 상관관계 거래가 가능한 유동적인 신용파생상품을 생각할 수 있다.

| 표 3-1 | 민감도기반리스크 리스크군별 버킷 및 위험가중치

리스크군	버킷 구분 기준	버킷 개수	델타 위험가중치	베가 위험가중치	커버쳐 위험가중치
금리	통화	N	1.1% ~ 1.7%	100%	1.7%*
신용(비유동화)	신용도, 섹터	18	0.5% ~ 5.0%	100%	델타와 동일
신용(유동화: CTP 제외)	신용도, 섹터	25	0.8% ~ 2.5%	100%	델타와 동일
신용(유동화: CTP)	신용도, 섹터	16	2% ~ 16%	100%	델타와 동일
주식	시가총액, 경제수준, 섹터	13	15% ~ 70%	77.78%, 100%	델타와 동일
상품	유형	11	25% ~ 80%	100%	델타와 동일
외환	통화	N	10.6% ~ 15%	100%	델타와 동일

* 금리리스크는 버킷과 무관하게 만기가 짧을수록 델타 위험가중치가 증가하는 특성이 있으며 이러한 최대 델타 위험가중치를 커버쳐 위험가중치로 적용함

둘째, 리스크버킷 설정은 리스크군별로 상이하며 [표 3-1]과 같다. 버킷이란 유사한 특성을 갖는 리스크요소 그룹을 지칭하는 것으로 델타 위험가중치는 동일 리스크군 내에서도 버킷별로 차등 적용된다. 단, 금리의 경우 버킷 기준이 아닌 만기 기준으로 델타 위험가중치를 차등 적용한다. 즉, 달러금리인지 원화금리인지 구분하지 않고 만기에 따라 위험가중치가 변화하며 금리 만기가 증가할수록 위험가중치는 감소하는 특징이 있다. 위험가중치는 유동성 시계인 10일 기준으로 해당 시장 데이터가 과거 글로벌 금융위기 시 관측된 최대 변동폭을 반영하여 결정된 것이다. 베가 위험가중치는 주식(대형주 또는 지수)에 77.78%를 적용하는 것을 제외하고 모두 100%를 적용하고 있다.

셋째, 리스크요소는 동일 버킷 안에서 [표 3-2] 및 [표 3-3]과 같은 기준으로 세분화된다.

표 3-2 리스크요소(델타)

리스크군	버킷 구분 기준	델타리스크 요소
금리	통화	커브(무위험금리, 이종통화 베이시스, 인플레이션)
		만기(0.25, 0.5, 1, 2, 3, 5, 10, 15, 20, 30년)
신용 (비유동화)	신용도, 섹터	발행자(name), 커브(basis), 만기(tenor) 기준으로 구분
신용(유동화: CTP 제외)	신용도, 섹터	트렌치(tranche), 커브(basis), 만기(tenor) 기준으로 구분
신용(유동화: CTP)	신용도, 섹터	발행자(name), 커브(basis), 만기(tenor) 기준으로 구분
주식	시가총액, 경제수준, 섹터	주가(개별주식 또는 지수)
		레포(Repo)
상품	유형	상품, 만기, 인도지역
외환	통화	환율

표 3-3 리스크요소(베가, 커버쳐)

리스크군	버킷 구분 기준	베가리스크 요소	커버쳐 리스크 요소
금리	통화	옵션 만기(0.5, 1, 3, 5, 10년)와 기초자산 만기(0.5, 1, 3, 5, 10년) 조합에 의한 내재 변동성	커브*
신용 (비유동화)	신용도, 섹터		커브
신용(유동화: CTP 제외)	신용도, 섹터		커브
신용(유동화: CTP)	신용도, 섹터	옵션 만기(0.5, 1, 3, 5, 10년) 내재변동성	커브
주식	시가총액, 경제수준, 섹터		주가**
상품	유형		커브
외환***	통화		환율

* 커버쳐리스크 산출은 만기를 구분하여 델타를 산출한 것과 상이하게 커브 기준으로 평행 이동하여 산출
** 레포 금리는 베가 및 커버쳐리스크 산출 대상이 아님
*** 외환 베가 리스크요소는 통화쌍을 기준으로 설정

리스크요소별 규제자본은 버킷내 상관계수를 적용하여 버킷별 규제자본을 산출하게 되며 마지막으로 버킷간 상관계수를 적용하여 리스크군별 규제자본을 산출하게 된다.

최종 민감도기반리스크 규제자본은 리스크군별 규제자본 단순 합으로 결정하게 된다. 물론 이러한 작업은 세 개 상관계수 시나리오(High, Medium, Low)에 대하여 반복하며 이 중 최대값으로 민감도기반리스크 규제자본을 결정하게 된다.

신표준방법에서 제시하는 버킷내(Intra-Bucket) 상관계수, 버킷간(Inter-Bucket) 상관계수, 세 개의 상관계수 시나리오는 다소 인위적인 계량화 결과물로 보일 수 있어 처음 접하는 사람에게는 반감을 가지게 할 수 있다. 오랜 기간 시장리스크 규제자본 산출 방법론을 접한 필자 역시 리스크요소별 다양한 조건을 체크하여 상관계수를 적용해야 하는 본 산출 체계가 다소 부담스러운 것은 사실이었다. 구내부모형인 parametric VaR 산출을 위해 필요로 하는 리스크요소 수익률 "분산-공분산"보다 더 많은 수고가 필요한 부분이다. 상관계수 수준에 따라 분산 효과 반영 강도가 다르게 되므로 상관계수 시나리오를 적용하여 최종 조정하는 방법을 사용한다. 매입과 매도 포지션이 혼재되어 있는 경우 낮은 상관계수 시나리오에서, 매입과 매도 포지션 중 한 방향 포지션이 절대적으로 큰 경우 높은 상관계수 시나리오에서 민감도기반리스크 규제자본이 결정된다.

1.2. 부도리스크

서브프라임 글로벌 금융위기 시 부도가 발생하지 않더라도 신용스프레드의 급격한 상승 또는 신용등급 강등으로 인해 많은 손실이 발생될 수 있으며 이로 인한 금융시장의 충격이 실물경제까지 영향을 줄 수 있음을 많은 사람들이 관측하였다. 그러나 이러한 현상이 시장리스크 규제자본 산출 체계에 반영되지 못함을 인식하고 신용스프레드리스크를 새로운 리스크군으로 도입했으며 신용스프레드리스크와 구분된 부도리스크를 도입하였다.

부도리스크는 이러한 도입 배경에 따라 신용스프레드 변동 또는 신용등급 전이로 인한 금융상품 손실이 아닌 발행자 부도로 발생할 수 있는 손실 JTD(Jump-to-Default) 개념을 근간으로 출발한다. 이는 신용리스크 규제자본 산출에서 사용되는 EaD(Exposure at Default) 개념과 유사하다. 그러나 자산만을 대상으로 하는 신용리스크 규제자본에서 차주 또는 거래상대방별 규제자본을 단순 합하는 방법과 상이하게 시장리스크 규제자본은 버킷 내 매입·매도 상계를 인정하며 동일 발행자에 대한 트레이딩 포지션 간 상계도 인정하고 있어 세부적인 산출 방법은 상이하다.

실제 구표준방법의 경우 특정 기업이 발행한 채권 현물 매입 포지션과 주식 매도 포지션으로 구성된 포트폴리오에서 개별리스크는 채권과 주식 각각을 산출하여 단순 합하게 된다. 반면 신표준방법에서는 주식 매도 포지션이 채권 현물 매입 포지션을 상계할 수 있어 때에 따라 구표준방법보다 부도리스크 산출 결과가 감소할 수 있다.

부도리스크 규제자본 산출 대상은 부도리스크 노출 상품으로 비유동화, 유동화(CTP 제외), 유동화(CTP) 세 개의 리스크군으로 구분된다. 각 군별 버킷 구분은 [표 3-4]와 같다.

표 3-4 부도리스크 리스크군별 버킷

리스크군	버킷
비유동화	(1) 기업 (2) 국가 (3) 지방정부와 지방자치단체
유동화 (CTP 제외)	(1) 일반기업(중소기업 제외): 지역 구분 없음 (2) 기타: 자산군, 지역 두 차원으로 구분 　(a) 자산군: ABCP, 자동차 대출과 리스, RMBS, 신용카드, CMBS, CLO, CDO스퀘어, 중소기업, 학자금대출, 기타 소매, 기타 도매(11개) 　(b) 지역: 아시아, 유럽, 북아메리카, 기타(4개)
유동화(CTP)*	지수. 다만 CDX North America IG, iTraxx Europe IG, CDX HY, iTraxx XO, LCDX, iTraxx LevX, Asia Corp, Latin America Corp, Other Regions Corp, Major Sovereign(G7, 서유럽), Other Sovereign 등의 지수는 반드시 개별 버킷으로 지정

* IG(Investment Grade: 투자등급), HY(High Yield: 투기등급), XO(Crossover, 투기등급으로 구성), LevX(Leveraged Loan CDS에 대한 인덱스)

1.3. 잔여리스크

옵션이라는 금융상품이 최초로 시장에 도입된 이후 금융상품시장은 하루가 다르게 변화하고 있으며 이러한 금융상품 손익 구조나 내재 리스크는 매우 다양해지고 있어 정해진 리스크 산출 체계만으로는 포착하지 못하는 리스크가 남게 된다.

실제로 경로 의존형 이색 옵션들은 단순 옵션 유한 개의 합으로 손익 구조를 복제할 수 없는 한계가 있다. 또한 파생상품 기초자산으로 바젤3 시장리스크 규제 체계에서 정의하고 있는 리스크군 금리, 신용, 주식, 상품, 외환 외에 날씨, 장수, 변동성, 암호화폐 등이 새로이 도입되고 있다. 암호화폐의 경우 이 글을 쓰고 있는 시점에서는 논란이 되고 있지만 언젠가는 암호화폐 관련 파생상품이 활발히 거래될 수 있다. ESG(Environmental, Social, Governance) 경영을 권장하는 사회에서 날씨 관련 파생상품이 거래될 수 있으며 또한 100세 시대를 맞이하여 장수 리스크가 새로운 리스크로 대두되고 있어 장수 관련 파생상품이 거래될 수 있을 것이다.

이러한 금융시장 변화와 확장 가능성을 배제할 수 없어 손익 구조의 특수성이 있거나 기초자산이 특수한 경우 추가적인 규제자본 리스크를 부과하고자 잔여리스크 개념을 도입하였다. 잔여리스크는 포지션 금액에 일정 비율(손익 구조가 특수한 경우 0.1%, 기초자산이 특수한 경우 1%)을 반영하여 산출되므로 연산은 간단하지만 산출 대상을 선정하고 관리하는 것이 중요하다.

2. 측정 체계

2.1. 민감도기반리스크

민감도기반리스크 규제자본 산출 단계는 크게 다음과 같다.

① 리스크요소 설정
② 거래별 민감도 산출
③ 민감도에 위험가중치 적용

④ 리스크버킷별 규제자본 산출

⑤ 리스크군별 규제자본 산출

⑥ 상관계수 시나리오 3개에 대하여 ④, ⑤ 단계 반복

⑦ 상관계수 시나리오 3개에 대한 규제자본 단순 합 중 최대값 결정

(1) 리스크요소 설정(델타)

① 금리

금융기관마다 사용하는 통화별 무위험금리 커브는 매우 상이하지만 바젤은 금리커브 설정에 대한 기본적인 몇 가지 원칙들을 제시하고 있다.

첫째, 통화별 무위험금리 커브는 신용 리스크가 가장 적은 상품으로 설정되어야 한다. OIS(Overnight Indexed Swap) 커브 사용을 권장하지만 없는 경우 BOR(Bank Offered Rate) 스왑 커브 사용을 허용한다. 단, 두 커브 모두 사용할 경우 둘을 별도 커브로 취급하도록 요구하고 있다. 또한, 변동금리 지표가 다른 BOR 스왑 커브들도 구분하여 취급해야 한다(예를 들어, USD Libor 기간물 1M, 3M, 6M, 12M 각각을 변동금리 지표로 하는 스왑 거래가 각각 있기 때문이다).

둘째, 국채 커브를 무위험금리 커브로 사용할 경우 국채 커브에 내재되어 있는 신용스프레드리스크를 반드시 별도로 인식해야 한다.

셋째, 인플레이션율 커브 및 이종통화 베이시스 커브는 다른 무위험금리 커브와 구분해야 하는데 커브 시장데이터가 없는 경우 상수로 적용한다.

이러한 원칙들을 실제 반영할 경우 이종통화 베이시스 커브 설정 및 리보 대체 금리 커브 설정 시 다소 이슈가 있을 수 있다. 또한, 제로금리를 리스크요소로 설정하여 민감도를 측정하는 기관의 경우 이종통화 베이시스 커브에 대한 민감도 반영 방법에 대한 의사 결정이 필요할 수 있다.

예를 들면, [표 3-5]처럼 시장에서 제공되는 스왑 금리 여러 개를 조합하여 하나의 제로 금리 커브를 생성하는 경우, 금리 델타 민감도 산출은 어떤 곡선에 대해 해야 하는지 혼란스러울 수 있다. 이러한 경우, 기 사용 중인 시스템의 전면

수정을 피하면서 이종 통화 베이시스 커브에 대한 민감도를 산출하는 방법은 제로 금리를 생성하기 위해 사용된 커브들이 별도 인식 대상인 경우 각각에 대한 민감도를 산출하여 매핑하는 방법을 고려해 볼 수 있다.

표 3-5 통화별 금리커브 생성(예시)

통화	데이터 생성(각 통화 대비 원화 기준 CRS 커브)
USD	KRWCRS − USD3v6BS*365/360/100
JPY	JPYIRS − JPY3v6BS*365/360/100 + JPYCBS/100
EUR	EURIRS + EURCBS*365/360/100
GBP	GBPIRS − GBP3v6BS/100 + GBPCBS/100

② 신용

신용(비유동화)과 신용(유동화: CTP)은 발행자, 커브, 만기에 따라 리스크요소를 구분하여 설정해야 하지만 시장 정보가 발행자 기준으로 제공되지 않는 경우 대용치로 신용등급별 신용스프레드 커브를 적용하는 방안을 고려할 수 있다. 특히, 글로벌 금융시장에서 활발히 거래되는 발행자별 신용부도스왑이 한국 금융시장에서는 활성화되어 있지 않기 때문에 시장 정보에 제약이 있을 수 있다.

신용(유동화: CTP 제외)은 트렌치, 커브, 만기에 따라 리스크요소를 구분하여 설정해야 하는 차이점이 있다.

③ 주식

크게 주가(개별주식 또는 주가지수)와 Repo로 구분하며 주가지수의 경우 투과법 적용 대상이 되면 지수 구성종목으로 분해하여 리스크요소를 인식한다.

④ 상품

상품, 만기, 인도지역으로 구분하여 리스크요소를 인식한다.

⑤ 외환

통화 기준으로 구분하며 보고통화가 원화인 경우 외환 리스크요소는 각 통화 대비 원화 기준의 통화쌍(USD/KRW, EUR/KRW 등)으로 이해할 수 있다. 실제로 보고통화가 원화라고 한다면 외환 리스크요소는 USD, EUR 등과 같이 약식으로 표현한다.

(2) 리스크요소 설정(베가)

금리만 옵션 만기와 기초자산 만기 조합에 따른 내재변동성을 적용하고 그 외 리스크군들은 옵션 만기에 따른 내재변동성을 적용한다.

(3) 리스크요소 설정(커버쳐)

주식과 외환만 일차원인 주가, 환율을 기준으로 커버쳐 산출을 하고 그 외 리스크군들은 커브 기준으로 커버쳐 산출을 한다.

(4) 거래별 민감도 산출

델타는 크게 금리·신용과 주식·외환·상품으로 구분하여 델타 민감도 산출에 적용되는 변동폭이 달라진다.

동일 리스크군에서 상이한 리스크요소 간에 절대수준으로 상대적 비교가 가능한 시장 변수인 금리·신용은 1bp 움직임에 대한 델타 민감도를 산출하게 된다. 금리·신용 델타 숫자는 위험가중치를 적용하기 전의 값으로 평상시 보던 PV01 수준에 1만을 곱한 수준으로 매우 커 보이게 된다.

그러나, 이러한 델타 숫자는 금리·신용 위험가중치(0.5%~16%)를 적용하여 위험가중민감도를 산출하게 되며 위험가중민감도는 결국 위험가중치 수준의 시장 충격을 줄 경우 상품 가치 변동을 의미한다. 주식··외환·상품 델타는 리스크요소 자체의 포지션으로 이해할 수 있으며 위험가중치(10.6%~80%) 수준의 시장 충격을 줄 경우 상품 가치 변동을 의미하는 것은 금리·신용과 동일하다.

베가는 리스크군에 상관없이 동일하게 산출되며 리스크요소별 내재변동성을 곱하여 적용한 결과를 베가 민감도로 정의한다. 단, 내재변동성에 대한 상품 가치 편미분계수를 결정할 경우 델타와 상이하게 구체적인 방법은 명시하고 있지 않아 베가 산출을 위한 내재변동성 변동폭은 자율적으로 선택할 수 있다.

베가는 리스크요소별 내재변동성을 반영함으로 인해 연변동성에 대한 시장

충격을 이미 반영한 숫자로 이해할 수 있다. 델타가 위험가중치로 시장충격을 반영하는 것과 차이가 있다. 실제 베가 위험가중치는 주식(대형주, 지수)의 경우 77.78%를 적용하는 것을 제외하고 모든 리스크군에 대하여 동일하게 100% 위험가중치를 적용하고 있다.

리스크군별 베가 민감도를 산출할 때 가치평가모형 확률분포는 음수 가능성이 있는 금리 · 신용은 정규분포 또는 로그정규분포 가정 모두 가능하지만 음수 가능성이 없는 주식 · 외환 · 상품은 로그정규분포 가정만 가능하다. 실제 지속적인 금리 하락으로 음수 금리가 빈번하게 관측되는 시장 상황에서 금리 가치평가모형을 로그정규분포로 적용하는 것은 적절하지 않다. 더군다나 금리 커버쳐리스크 산출에서 금리 변동폭은 최대 1.7%로 현 금리 수준이 양수라 하더라도 가치평가모형을 로그정규분포로 가정할 경우 커버쳐 산출이 불가능한 경우가 발생한다.

베가리스크요소는 금리 리스크군을 제외하고 옵션 만기를 기준으로 구별되므로 변동성 곡면(옵션 만기 외에 옵션 행사가격 차이로 인한 변동성 차이까지 고려)을 적용하는 상품의 경우 베가 산출 시 행사가격 차이까지 고려할 필요는 없다.

커버쳐리스크는 옵션성(optionality) 금융상품에서 리스크요소 변동으로 인해 델타리스크를 초과하여 발생하는 추가적인 잠재적 손실을 의미한다. 신표준방법에서 커버쳐리스크는 개별 리스크요소의 상 · 하방 충격에 대한 두 가지 스트레스 시나리오로 산출한다. 커버쳐는 구표준방법 감마가 포착하지 못하는 스트레스 시나리오에서의 비선형 금융상품 손실을 포착하기 위한 것으로 스트레스 시나리오 역시 리스크군과 리스크버킷에 따라 차등 적용한다.

커버쳐리스크에 대한 직관적인 이해를 돕기 위해 옵션 매도 포지션을 예를 들어 설명하면 다음과 같다.

[그림 3-2] (a)는 콜 옵션 매도 포지션으로 현재 주가(S_0)가 스트레스 시나리오를 적용하여 상승(S_0^{UP})한 경우, 콜 옵션 매도 포지션에서 발생하는 손실은 델타로 인한 손실분($C'-C$)보다 크게 되며 이러한 차이($C''-C'$)가 커버쳐리스크 규제자본으로 인식된다.

[그림 3-2] (b)는 풋 옵션 매도 포지션으로 주가가 하락(S_0^{DN})한 경우, 옵션가격 차이($P''-P'$)가 커버쳐리스크 규제자본으로 인식된다.

그림 3-2 커버쳐리스크 예시(a: 콜 옵션 매도, b: 풋 옵션 매도)

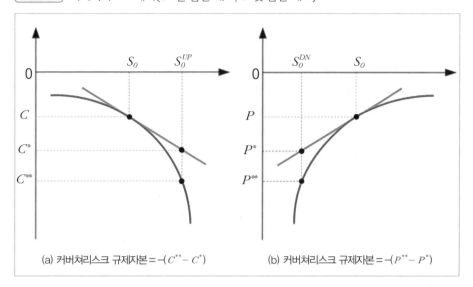

(a) 커버쳐리스크 규제자본 $= -(C^{**} - C^{*})$ (b) 커버쳐리스크 규제자본 $= -(P^{**} - P^{*})$

금리·신용·상품 커버쳐 위험가중치인 리스크요소 충격은 델타의 동일 버킷 내 위험가중치 중 가장 큰 값을 적용한다. 커브가 위험가중치만큼 평행 이동하는 스트레스 시나리오를 적용하여 커버쳐 민감도를 산출하여야 한다. [표 3-6]은 리스크군별 민감도 산출 방법을 정리한 것이다.

표 3-6   리스크군별 민감도 산출

리스크군	델타	베가	커버쳐
금리	기초자산 1bp 상승에 따른 상품 가치 변동을 1bp로 나누어 산출	내재변동성에 대한 상품 가치 편미분계수에 내재변동성을 곱하여 산출	리스크군 버킷별 델타 위험가중치만큼 기초자산을 상승 또는 하락시켜 발생한 상품 가치 변동분에서 위험가중델타를 차감하여 산출
신용			
주식	기초자산 1% 상승에 따른 상품 가치 변동을 1%p로 나누어 산출		
통화			
상품			

(5) 민감도에 위험가중치 적용

신용리스크나 운영리스크 규제자본 산출 시 보유기간 1년을 가정하는 것과 상이하게 시장리스크는 10일을 가정한다. 위험가중치는 리스크요소 또는 리스크 버킷 기준으로 과거 2007~2008년 글로벌 금융위기 기간을 포함한 역사적 시장 데이터에서 10일 동안 발생한 변동폭을 반영한 결과이다.

민감도기반리스크에서 사용하는 위험가중치는 델타(베가)와 커버쳐에서 다른 방식으로 반영된다. 델타(베가)에서는 단위 민감도에 위험가중치를 배수로 적용하도록 되어 있는 반면 커버쳐에서는 위험가중치만큼 리스크요소가 변동될 경우 손실 금액을 산출하도록 하고 있다.

리스크군별 위험가중치는 다음과 같이 설정되어 있다.

① 금리

델타 위험가중치는 버킷별 차등 적용되는 것이 아니라 통화의 유동성 여부, 커브 종류, 만기에 따라 상이하다. 우선 통화의 유동성에 따라 구분되는데 고유동성 통화(EUR, USD, GBP, AUD, JPY, SEK, CAD, 은행 보고 통화) 위험가중치는 일반 통화 위험가중치를 $\sqrt{2}$ 로 나누어 낮게 적용한다.

일반 통화의 경우 이종통화 베이시스 커브와 인플레이션 커브는 만기 구분 없이 동일하게 1.6%로 위험가중치를 설정하며 그 외의 금리 커브에 대해서는 만기에 따라 위험가중치를 세분화하고 있다. 만기가 짧을수록 위험가중치가 높아지는 특징이 있다.

커버쳐 위험가중치(실제 커버쳐리스크 산출에 사용되는 리스크요소 변동폭)는 델타의 동일 버킷내 위험가중치 중 가장 큰 값으로 일반 통화는 1.7%, 고유동성 통화는 1.2%이다. 구표준방법 금리옵션 감마 산출에 사용되던 상정금리변동폭이 최대 1%인 것 대비 0.2% 또는 0.7% 상승한 수준이다.

베가 위험가중치는 버킷 또는 만기 구분 없이 동일하게 100%를 적용하는데 구표준방법에서 25% 적용하는 것에 비해 큰 폭으로 상승했다.

금리 위험가중치 관련한 이슈는 금리 수준이 1% 내외인 시장상황에서 1.2%~1.7% 변동폭을 적용할 경우, 금리는 음수가 될 수 없다는 가정으로 사용되던 로그정규분포 평가 모델은 더 이상 유효하지 않다는 것이다. 따라서, 신표준방법을 적용해야 하는 금리옵션 포지션이 있는 기관들은 금리옵션 평가 모델 변경 및 금리 변동성 데이터 변경이 선행되어야 한다. 현재 금리 수준이 비록 음수가 아니라 하더라도 현재 금리 수준 대비 1.2%~1.7% 하락 시 음수 금리가 발생될 가능성이 있다면 신표준방법 적용을 위해서는 음수 금리를 허용하는 금리옵션 평가모형으로 변경함과 동시에 그로 인한 내재변동성 산출 방법 변경이 필요하다.

표 3-7 금리 위험가중치

통화 구분	델타										이종 통화 베이 시스	인플 레이션	커버 쳐	배가
	0.25년	0.5년	1년	2년	3년	5년	10년	15년	20년	30년				
일반 통화	1.7%	1.7%	1.6%	1.3%	1.2%	1.1%	1.1%	1.1%	1.1%	1.1%	1.6%	1.6%	1.7%	100.0%
고유 동성 통화	1.2%	1.2%	1.1%	0.9%	0.8%	0.8%	0.8%	0.8%	0.8%	0.8%	1.1%	1.1%	1.2%	100.0%

② 신용(비유동화)

[표 3-8]에서 보여주듯이 델타 위험가중치는 신용도와 섹터에 따라 구분되는 버킷에 따라 차등 적용된다. 신용도는 구체적인 표준신용등급으로 세분화하는 것은 아니지만 투자등급과 투기등급으로 구분하고 있어 신용스프레드리스크가 있는 회사채의 경우 채권 발행자 신용등급이 아닌 회사채 신용등급 정보가 필요하다.

표 3-8 신용(비유동화) 위험가중치

버킷	신용도	섹터	델타	커버쳐	베가
01	투자등급	국가(중앙은행 포함), 국제개발은행	0.5%	0.5%	
02		지방정부, 정부보증 비금융, 교육, 공공기관	1.0%	1.0%	
03		금융(정부보증 금융 포함)	5.0%	5.0%	
04		원자재, 에너지, 산업, 농업, 제조업, 광업·채굴업	3.0%	3.0%	
05		소비재·서비스, 운송·보관, 행정·보조 서비스	3.0%	3.0%	
06		기술, 통신	2.0%	2.0%	
07		의료, 수도·전기·가스 등, 전문직·기술직	1.5%	1.5%	
08		커버드본드	2.5%	2.5%	
09	투기등급 및 무등급	국가(중앙은행 포함), 국제개발은행	2.0%	2.0%	100.0%
10		지방정부, 정부보증 비금융, 교육, 공공기관	4.0%	4.0%	
11		금융(정부보증 금융 포함)	12.0%	12.0%	
12		원자재, 에너지, 산업, 농업, 제조업, 광업·채굴업	7.0%	7.0%	
13		소비재·서비스, 운송·보관, 행정·보조 서비스	8.5%	8.5%	
14		기술, 통신	5.5%	5.5%	
15		의료, 수도·전기·가스 등, 전문직·기술직	5.0%	5.0%	
16		기타	12.0%	12.0%	
17		투자등급 지수	1.5%	1.5%	
18		투기등급 지수	5.0%	5.0%	

　　금융감독원 재량에 의해 부도리스크 위험가중치를 0%로 부여할 수 있는 국가, 국제개발은행, 공공기관도 신용스프레드리스크에서는 위험가중치를 0.5%~1%(투기등급은 2%~4%) 수준으로 부여하여 규제자본을 요구하는 것은 주목할 만한 점이다.

　　신용도에 상관없이 금융 섹터에는 매우 높은 위험가중치가 설정되어 있다. 투자등급은 5%, 투기등급은 12%로 무시할 수 없는 수준이다. 예를 들어, 표준신용등급 기준으로 투기등급에 해당하는 금융채 포지션이 있는 경우 구표준방법에서는 인식하지 않던 신용스프레드 리스크로 인하여 규제자본 폭증이 발생할 수 있다. 실제로 만기 5년인 표준신용등급 BB(국내신용등급으로 BBB) 회사채의 경우 60% 규제자본이 신용스프레드 리스크로만 발생하게 되어 국내 기관들은 포지션 관리에 주의가 필요한 부분이다.

　　커버쳐 위험가중치는 델타와 동일하며 베가 위험가중치는 버킷과 무관하게

100% 적용한다.

③ 신용(유동화: CTP 제외)

[표 3-9]는 신용(유동화: CTP 제외) 리스크군 위험가중치를 정리한 것이다.

표 3-9 신용(유동화: CTP 제외) 위험가중치

버킷	신용도	섹터	델타	커버쳐	베가
01	선순위 투자등급	RMBS-프라임	0.90%	0.90%	
02		RMBS-미드프라임	1.50%	1.50%	
03		RMBS-서브프라임	2.00%	2.00%	
04		CMBS	2.00%	2.00%	
05		ABS-학자금대출	0.80%	0.80%	
06		ABS-신용카드대출	1.20%	1.20%	
07		ABS-자동차대출	1.20%	1.20%	
08		CLO(CTP 제외)	1.40%	1.40%	
09	비선순위 투자등급	RMBS-프라임	1.13%	1.13%	
10		RMBS-미드프라임	1.88%	1.88%	
11		RMBS-서브프라임	2.50%	2.50%	
12		CMBS	2.50%	2.50%	100.0%
13		ABS-학자금대출	1.00%	1.00%	
14		ABS-신용카드대출	1.50%	1.50%	
15		ABS-자동차대출	1.50%	1.50%	
16		CLO(CTP 제외)	1.75%	1.75%	
17	투기등급 및 무등급	RMBS-프라임	1.58%	1.58%	
18		RMBS-미드프라임	2.63%	2.63%	
19		RMBS-서브프라임	3.50%	3.50%	
20		CMBS	3.50%	3.50%	
21		ABS-학자금대출	1.40%	1.40%	
22		ABS-신용카드대출	2.10%	2.10%	
23		ABS-자동차대출	2.10%	2.10%	
24		CLO(CTP 제외)	2.45%	2.45%	
25		기 타	3.50%	3.50%	

델타 위험가중치는 신용도와 섹터를 기준으로 구분되는 버킷에 따라 차등 적용된다. 신용(비유동화) 델타 위험가중치 구분 기준과 다른 점은 신용도에서 투자

등급이라 하더라도 선순위와 비선순위로 구분하여 위험가중치를 세분화해서 적용한 것이다. 섹터는 유동화 상품인 RMBS, CMBS, ABS, CLO(CTP 제외) 등으로 구분하고 있다. 신용도와 상관없는 기타 버킷에 해당되는 거래로는 CDO Squared를 고려해 볼 수 있다. 동일 섹터라 하더라도 신용도에 따라 적용되는 델타 위험가중치는 상이하다. 실제 비선순위 투자등급은 선순위 투자등급 대비 25%, 투기등급 및 무등급은 비선순위 투자등급 대비 40% 상향 조정된 델타 위험가중치를 적용하고 있다.

커버쳐 위험가중치는 델타와 동일하며 베가 위험가중치는 버킷과 무관하게 100% 적용한다.

④ 신용(유동화: CTP)

델타 위험가중치 구분 기준은 신용(비유동화)과 동일하며 지수 관련 버킷이 별도로 없다는 차이점이 있다. 신용(CTP)은 유동성 시계가 길고 베이시스 리스크가 크다는 점을 반영하여 신용(비유동화) 대비 위험가중치가 상대적으로 높다. 특히, 투기등급 및 무등급 섹터의 델타 위험가중치는 12%~16%로 매우 높다. 이는 서브프라임 글로벌 금융위기에 CTP 신용스프레드가 급등했던 것이 반영된 결과로 보인다.

커버쳐 위험가중치는 델타와 동일하며 베가 위험가중치는 버킷과 무관하게 100% 적용한다.

표 3-10 │ 신용(유동화: CTP) 위험가중치

버킷	신용도	섹터	델타	커버쳐	베가
01	투자등급	국가(중앙은행 포함), 국제개발은행	4.0%	4.0%	100.0%
02		지방정부, 정부보증 비금융, 교육, 공공기관	4.0%	4.0%	
03		금융(정부보증 금융 포함)	8.0%	8.0%	
04		원자재, 에너지, 산업, 농업, 제조업, 광업·채굴업	5.0%	5.0%	
05		소비재·서비스, 운송·보관, 행정·보조 서비스	4.0%	4.0%	
06		기술, 통신	3.0%	3.0%	
07		의료, 수도·전기·가스 등, 전문직·기술직	2.0%	2.0%	
08		커버드본드	6.0%	6.0%	

09		국가(중앙은행 포함), 국제개발은행	13.0%	13.0%
10		지방정부, 정부보증 비금융, 교육, 공공기관	13.0%	13.0%
11	투기등급 및 무등급	금융(정부보증 금융 포함)	16.0%	16.0%
12		원자재, 에너지, 산업, 농업, 제조업, 광업·채굴업	10.0%	10.0%
13		소비재·서비스, 운송·보관, 행정·보조 서비스	12.0%	12.0%
14		기술, 통신	12.0%	12.0%
15		의료, 수도·전기·가스 등, 전문직·기술직	12.0%	12.0%
16		기타	13.0%	13.0%

⑤ 주식

델타 위험가중치는 시가총액, 경제수준, 섹터를 기준으로 구분되는 버킷 기준으로 설정된다. 위험가중치는 대형주(시가총액 USD 20억 이상)보다 소형주가, 선진시장보다 신흥시장이, 선진시장 대형주 지수보다 기타 지수가 상대적으로 높다. 한국은 신흥시장으로 구분되어 만약 국내주식 소형주 포지션이 있는 경우 위험가중치 70%를 부여하게 되어 매우 높은 규제자본이 산출된다. 현물가격 외에 레포 금리를 별도의 리스크요소로 인지하여 현물가격 델타 위험가중치의 1% 수준을 추가로 부과한다.

커버쳐 위험가중치 즉, 주식 스트레스 시나리오 변동폭도 델타 위험가중치와 동일하게 적용한다. 베가 위험가중치는 대형주 또는 지수인 경우 77.78% 적용하는 것을 제외하고 모두 100% 적용한다. 단, 레포 금리는 베가 및 커버쳐리스크 규제자본이 부과되지 않는다.

표 3-11 주식 위험가중치

버킷	시가 총액	경제수준	섹터	델타		커버쳐	베가
				현물 가격	레포 금리	현물 가격	현물 가격
01	대형주	신흥시장	소비재·서비스, 운송·보관, 행정·보조 서비스, 의료, 수도, 전기·가스 등	55%	0.55%	55%	77.78%

버킷						
02		통신, 산업	60%	0.60%	60%	77.78%
03		원자재, 에너지, 농업, 제조업, 광업·채굴업	45%	0.45%	45%	77.78%
04		금융(정부보증 금융 포함), 부동산, 기술	55%	0.55%	55%	77.78%
05	선진시장	소비재·서비스, 운송·보관, 행정·보조 서비스, 의료, 수도·전기·가스 등	30%	0.30%	30%	77.78%
06		통신, 산업	35%	0.35%	35%	77.78%
07		원자재, 에너지, 농업, 제조업, 광업·채굴업	40%	0.40%	40%	77.78%
08		금융(정부보증 금융 포함), 부동산, 기술	50%	0.50%	50%	77.78%
09	소형주	신흥시장	버킷 1~4의 모든 섹터	70%	0.70%	70%	100.00%
10		선진시장	버킷 5~8의 모든 섹터	50%	0.50%	50%	100.00%
11		기타	70%	0.70%	70%	100.00%
12		선진시장 대형주 지수(섹터 무관)	15%	0.15%	15%	77.78%
13		기타 지수(섹터 무관)	25%	0.25%	25%	77.78%

⑥ 상품

델타 위험가중치는 유형에 따라 구분되는 버킷에 따라 차등 적용된다. 화물운송 유형인 경우 델타 위험가중치는 80%로 매우 높다.

커버쳐 위험가중치는 델타 위험가중치와 동일하며 베가 위험가중치는 버킷에 상관없이 100% 적용한다.

표 3-12 상품 위험가중치

버킷	유 형	예시(해당 버킷에 반드시 할당하여야 함)	델타	커버쳐	베가
01	에너지 (고체 인화물질)	석탄, 숯, 목재, 우라늄	30%	30%	100%
02	에너지 (액체 인화물질)	원유(경질스윗오일, 중질유, 서부텍사스유(WTI), 브렌트유, 기타), 바이오연료(바이오에탄올, 바이오디젤, 기타),	35%	35%	

		석유화학(프로판, 에탄올, 가솔린, 메탄올, 부탄, 기타), 정제연료(제트유, 등유, 휘발유, 중유, 나프타, 난방유, 디젤, 기타)		
03	에너지 (전력, 탄소 배출권 거래)	전력(현물 전력, 전일 전력, 피크 전력, 피크외 전력), 탄소배출권(온실가스 감축량, In-delivery month EU 허용량, RGGI CO2 허용량, 신재생에너지 공급 인증서, 기타)	60%	60%
04	화물 운송	드라이 벌크 노선(케이프사이즈, 파나맥스, 핸디사이즈, 수프라막스), 액체/기체화물 수송 노선(수에즈막스, 아프라막스, 초대형유조선)	80%	80%
05	금속 (귀금속 제외)	기초 금속(알루미늄, 구리, 납, 니켈, 주석, 아연), 철강(강철 빌렛, 강선, 강철 코일, 강철 스크랩, 강철봉, 철광석, 텅스텐, 바나듐, 티타늄, 탄탈륨), 희소 금속(코발트, 망간, 몰리브덴)	40%	40%
06	가스 인화물질	천연가스, 액화 천연가스	45%	45%
07	귀금속(금 포함)	금, 은, 백금, 팔라듐	20%	20%
08	곡물, 기름종자	옥수수, 밀, 대두 종자, 대두유, 대두박분, 귀리, 팜 오일, 카놀라, 보리, 유채 종자, 유채유, 유채박분, 붉은 콩, 수수, 야자유, 올리브유, 땅콩유, 해바라기유, 쌀	35%	35%
09	축산, 낙농	생우, 비육용 소, 돼지, 가금류, 양, 물고기, 새우, 우유, 유청, 계란, 버터, 치즈	25%	25%
10	기타 농산물	코코아, 아라비카 커피, 로부스타 커피, 차, 유자 쥬스, 오렌지 쥬스, 감자, 설탕, 목화, 울, 목재, 펄프, 고무	35%	35%
11	기 타	산업용 원자재(탄산칼륨, 비료, 인회암), 희토류, 테레프탈산, 유리판	50%	50%

⑦ 외환

델타 위험가중치는 고유동성 통화와 일반 통화로 구분하여 위험가중치를 차등 적용한다. 보고 통화와 다른 통화의 환율이 버킷으로 설정되는데 일반 통화의 위험가중치는 15%이다. BCBS가 고유동성 통화쌍(currency pair)으로 지정한 USD/

EUR, USD/JPY, USD/GBP, USD/AUD, USD/CAD, USD/CHF, USD/MXN, USD/CNY, USD/NZD, USD/RUB, USD/HKD, USD/SGD, USD/TRY, USD/KRW, USD/SEK, USD/ZAR, USD/INR, USD/NOK, USD/BRL 및 통화쌍 조합으로 생성되는 새로운 통화쌍(triangulation 적용)에 대하여 $\sqrt{2}$ 로 나눈 위험가중치를 적용한다.

커버쳐 위험가중치는 델타 위험가중치와 동일하며 베가 위험가중치는 버킷에 상관없이 100% 적용한다.

표 3-13 외환 위험가중치

통화 구분	델타	커버쳐	베가
일반 통화	15.0%	15.0%	100.0%
고유동성 통화	10.6%	10.6%	100.0%

(6) 상관계수

민감도기반리스크에서 분산효과는 버킷내 리스크요소 간 상관계수와 리스크군 내 버킷간 상관계수를 활용하며 상관계수 설정은 [표 3-14] 및 [표 3-15]와 같다.

표 3-14 버킷내 상관계수 (전체)

리스크군	델타	베가	커버쳐
금리	서로 다른 만기 차이 증가할수록 상관계수 감소하는 함수 적용 (단, 이종통화베이시스 커브를 제외하고 최소 40% 적용)	옵션 만기 상관계수와 기초자산 만기 상관계수의 곱	델타 상관계수 제곱
신용 (비유동화)	발행자, 커브, 만기 기준 차등화	옵션 기초자산에 대한 델타 리스크요소에 적용되는 상관계수와 옵션 만기 기준 상관계수의 곱	
신용 (CTP 제외)	트렌치, 커브, 만기 기준 차등화		
신용(CTP)	발행자, 커브, 만기 기준 차등화		

주식	버킷별 차등화	
상품	버킷별 차등화	
외환	해당사항 없음	

표 3-15 버킷간 상관계수 (전체)

리스크군	델타	베가	커버쳐
금리	50%	50%	25%
신용 (비유동화)	버킷간 차등화	델타 상관계수와 동일	델타 상관계수 제곱
신용 (CTP 제외)	0%	0%	0%
신용(CTP)	버킷간 차등화	델타 상관계수와 동일	델타 상관계수 제곱
주식	버킷간 차등화	델타 상관계수와 동일	델타 상관계수 제곱
상품	20%(또는 0%)	20%(또는 0%)	4%
외환	60%	60%	36%

① 금리

■ 금리 델타 버킷내 상관계수

하나의 커브 내에서 만기가 다른 경우 아래 표의 상관계수를 준용하며 커브
가 상이한 경우 만기가 동일하면 99.9%를, 만기가 상이하면 아래 표의 상관계수
에 99.9%를 곱하여 적용한다. 예외적으로 인플레이션 커브와 무위험금리 커브의
상관계수는 40%를, 이종통화 베이시스 커브는 그 어떤 커브와의 상관계수도 0%
로 적용한다.

표 3-16 금리 델타 버킷내 상관계수

만기	0.25년	0.5년	1년	2년	3년	5년	10년	15년	20년	30년
0.25년	–	97.0%	91.4%	81.1%	71.9%	56.6%	40.0%	40.0%	40.0%	40.0%
0.50년	–	–	97.0%	91.4%	86.1%	76.3%	56.6%	41.9%	40.0%	40.0%
1년	–	–	–	97.0%	94.2%	88.7%	76.3%	65.7%	56.6%	41.9%
2년	–	–	–	–	98.5%	95.6%	88.7%	82.3%	76.3%	65.7%

3년	–	–	–	–	–	98.0%	93.2%	88.7%	84.4%	76.3%
5년	–	–	–	–	–	–	97.0%	94.2%	91.4%	86.1%
10년	–	–	–	–	–	–	–	98.5%	97.0%	94.2%
15년	–	–	–	–	–	–	–	–	99.0%	97.0%
20년	–	–	–	–	–	–	–	–	–	98.5%
30년	–	–	–	–	–	–	–	–	–	–

■ 금리 델타 버킷간 상관계수

버킷에 상관없이 50% 동일하게 적용한다.

■ 금리 베가 버킷내 상관계수

금리 베가는 옵션 만기와 기초자산 만기 조합으로 결정되는 특징이 있으며 인접한 만기들 상관계수를 높게 설정하는 아래의 산식을 적용하여 계산한다. 상관계수 결정 산식은 옵션 만기와 기초자산 만기에 동일하게 적용되며 최종 금리 베가는 옵션 만기 기준 상관계수와 기초자산 만기 기준 상관계수 둘의 곱으로 결정된다.

- $$\rho_{kl}^{(option\ maturity)} = \exp\left(-0.01 \cdot \frac{|T_k - T_l|}{\min(T_k, T_l)}\right)$$

  T_k, T_l: 베가 민감도 VR_k, VR_l이 할당된 옵션 만기(년)

- $$\rho_{kl}^{(underlying\ maturity)} = \exp\left(-0.01 \cdot \frac{|T_k^u - T_l^u|}{\min(T_k^u, T_l^u)}\right)$$

  T_k^u, T_l^u: 베가 민감도 VR_k, VR_l이 할당된 기초자산 만기(년)

  $$\Rightarrow \rho_{kl} = \min\left(\rho_{kl}^{(option\ maturity)} \cdot \rho_{kl}^{(underlying\ maturity)}, 100\%\right)$$

표 3-17 금리 베가 버킷내 상관계수

옵션만기		0.5	0.5	0.5	0.5	0.5	1.0	1.0	1.0	1.0	1.0	3.0	3.0	3.0	3.0	3.0	5.0	5.0	5.0	5.0	5.0	10.0	10.0	10.0	10.0	10.0
옵션만기	기초자산만기	0.5	1.0	3.0	5.0	10.0	0.5	1.0	3.0	5.0	10.0	0.5	1.0	3.0	5.0	10.0	0.5	1.0	3.0	5.0	10.0	0.5	1.0	3.0	5.0	10.0
0.5	0.5		0.99	0.95	0.91	0.83	0.99	0.98	0.94	0.90	0.82	0.95	0.90	0.87	0.79	0.76	0.91	0.90	0.87	0.84	0.76	0.83	0.82	0.79	0.76	0.68
0.5	1			0.98	0.96	0.91	0.98	0.99	0.97	0.95	0.90	0.94	0.95	0.93	0.91	0.87	0.90	0.91	0.90	0.88	0.84	0.82	0.83	0.81	0.79	0.76
0.5	3				0.99	0.98	0.94	0.97	0.99	0.98	0.93	0.95	0.95	0.94	0.93	0.87	0.90	0.91	0.91	0.89	0.79	0.81	0.83	0.82	0.81	0.79
0.5	5					0.95	0.90	0.95	0.98	0.99	0.98	0.87	0.91	0.94	0.95	0.94	0.84	0.88	0.91	0.91	0.90	0.76	0.79	0.82	0.83	0.82
0.5	10						0.82	0.90	0.97	0.98	0.99	0.79	0.87	0.93	0.94	0.89	0.88	0.89	0.90	0.91	0.88	0.76	0.81	0.82	0.83	0.83
1	0.5							0.99	0.95	0.91	0.83	0.93	0.90	0.87	0.79	0.81	0.91	0.90	0.87	0.84	0.79	0.91	0.90	0.87	0.84	0.81
1	1								0.98	0.96	0.91	0.97	0.98	0.96	0.94	0.90	0.95	0.96	0.94	0.92	0.88	0.90	0.91	0.90	0.88	0.84
1	3									0.99	0.98	0.96	0.98	0.97	0.96	0.95	0.94	0.87	0.97	0.98	0.97	0.88	0.92	0.95	0.96	0.90
1	5										0.99	0.90	0.94	0.97	0.98	0.97	0.88	0.92	0.95	0.96	0.95	0.84	0.88	0.91	0.91	0.90
1	10											0.81	0.90	0.96	0.97	0.98	0.77	0.88	0.94	0.95	0.96	0.81	0.89	0.95	0.97	0.91
3	0.5												0.95	0.91	0.83	0.99	0.98	0.94	0.91	0.82	0.98	0.97	0.93	0.89	0.81	
3	1													0.98	0.96	0.91	0.99	0.99	0.97	0.95	0.91	0.97	0.98	0.96	0.94	0.90
3	3														0.99	0.98	0.98	0.99	0.99	0.97	0.93	0.96	0.98	0.98	0.97	
3	5															0.99	0.91	0.95	0.98	0.99	0.98	0.89	0.94	0.97	0.98	0.97
3	10																0.82	0.91	0.97	0.98	0.96	0.81	0.89	0.95	0.97	0.98
5	0.5																	0.95	0.91	0.83	0.99	0.98	0.94	0.90		
5	1																		0.98	0.96	0.91	0.98	0.99	0.97	0.95	0.90
5	3																			0.99	0.98	0.94	0.97	0.98	0.98	0.97
5	5																				0.99	0.90	0.95	0.98	0.99	0.98
5	10																					0.82	0.90	0.95	0.98	0.98
10	0.5																						0.99	0.95	0.91	0.83
10	1																							0.98	0.96	0.91
10	3																								0.99	0.98
10	5																									0.99
10	10																									

- 금리 베가 버킷간 상관계수

금리 델타 버킷간 상관계수 50%와 동일하게 적용한다.

② 신용(비유동화)

- 신용(비유동화) 델타 버킷내 상관계수

버킷 1~15(버킷 17~18) 내의 상관계수는 다음과 같다.

- $\rho_{kl}^{(name)}$: 동일 발행자이면 100%, 그렇지 않으면 35%(80%)
- $\rho_{kl}^{(tenor)}$: 동일 만기이면 100%, 그렇지 않으면 65%
- $\rho_{kl}^{(basis)}$: 동일 커브이면 100%, 그렇지 않으면 99.90%

  $$\Rightarrow \rho_{kl} = \rho_{kl}^{(name)} \cdot \rho_{kl}^{(tenor)} \cdot \rho_{kl}^{(basis)}$$

- 신용(비유동화) 델타 버킷간 상관계수

[표 3-18]에서 보여지는 것처럼 상관계수 범위는 0%~75%로 다양하게 설정되어 있다. 기타 섹터는 다른 섹터들과 0%를, 지수 섹터는 다른 섹터들과 45%를, 국가나 공공기관 섹터들 간에는 75%의 상관계수를 적용한다.

표 3-18 신용(비유동화) 델타 버킷간 상관계수

버킷	1, 9	2, 10	3, 11	4, 12	5, 13	6, 14	7, 15	8	16	17	18
1, 9	–	75%	10%	20%	25%	20%	15%	10%	0%	45%	45%
2, 10	–	–	5%	15%	20%	15%	10%	10%	0%	45%	45%
3, 11	–	–	–	5%	15%	20%	5%	20%	0%	45%	45%
4, 12	–	–	–	–	20%	25%	5%	5%	0%	45%	45%
5, 13	–	–	–	–	–	25%	5%	15%	0%	45%	45%
6, 14	–	–	–	–	–	–	5%	20%	0%	45%	45%
7, 15	–	–	–	–	–	–	–	5%	0%	45%	45%
8	–	–	–	–	–	–	–	–	0%	45%	45%
16	–	–	–	–	–	–	–	–	–	0%	0%
17	–	–	–	–	–	–	–	–	–	–	75%
18	–	–	–	–	–	–	–	–	–	–	–

■ 신용(비유동화) 베가 버킷내 상관계수

금리 리스크군을 제외한 모든 리스크군에서 베가 버킷내 상관계수는 기초자산에 대한 델타 리스크요소에 적용되는 상관계수에 옵션 만기 기준 상관계수를 곱하여 결정한다.

- $\rho_{kl}^{(delta)}$: 베가 리스크요소에 대응하는 델타 리스크요소에 적용되는 상관계수
- $\rho_{kl}^{(option\ maturity)}$: 옵션 만기 기준 상관계수

  $\Rightarrow \rho_{kl} = \min\left(\rho_{kl}^{(delta)} \cdot \rho_{kl}^{(option\ maturity)}, 100\%\right)$

■ 신용(비유동화) 베가 버킷간 상관계수

델타 버킷간 상관계수와 동일하게 적용한다.

③ 신용(유동화: CTP)

버킷내 상관계수는 커브가 상이한 경우 적용하는 상관계수가 99%로 적용되는 것을 제외하고 신용(비유동화) 설정과 동일하며 버킷간 상관계수 역시 신용(비유동화) 설정과 동일하다.

④ 신용(유동화: CTP 제외)

■ 신용(유동화: CTP 제외) 델타 버킷내 상관계수

버킷 1~24 내 상관계수는 다음 식과 같다.

- $\rho_{kl}^{(tranche)}$: 동일 트렌치이면 100%, 그렇지 않으면 40%. 이때 동일 트렌치는
  두 트렌치 명목금액이 80% 이상 중복되는 경우를 의미
- $\rho_{kl}^{(tenor)}$: 동일 만기이면 100%, 그렇지 않으면 80%
- $\rho_{kl}^{(basis)}$: 동일 커브이면 100%, 그렇지 않으면 99.90%

   $\Rightarrow \rho_{kl} = \rho_{kl}^{(tranche)} \cdot \rho_{kl}^{(tenor)} \cdot \rho_{kl}^{(basis)}$

버킷 25 내 상관계수는 0%로 적용한다.

■ 신용(유동화: CTP 제외) 델타 버킷간 상관계수

버킷 1~25 간 상관계수는 0%로 적용한다.

■ 신용(유동화: CTP 제외) 베가 버킷내(버킷간) 상관계수

버킷내 상관계수는 신용(비유동화)과 동일하며 버킷간 상관계수는 0%이다.

⑤ 주식

■ 주식 델타 버킷내 상관계수

현물주식(또는 레포 금리)간 상관계수 수준을 보면 지수 버킷 12~13에 대해 80%의 높은 수준을 적용하는 반면 소형주 대비 대형주에서, 신흥시장 대비 선진시장에서 상관계수가 높다.

표 3-19 주식 델타 버킷내 상관계수

버킷	위험가중치		델타 버킷내 상관계수		
	현물주식	레포 금리	현물주식간 또는 레포 금리간	현물주식과 레포 금리 간	
				다른 발행자	동일 발행자
01	55%	0.55%	15.0%	14.99%	99.90%

02	60%	0.60%		15.0%	14.99%	99.90%
03	45%	0.45%		15.0%	14.99%	99.90%
04	55%	0.55%		15.0%	14.99%	99.90%
05	30%	0.30%		25.0%	24.98%	99.90%
06	35%	0.35%		25.0%	24.98%	99.90%
07	40%	0.40%		25.0%	24.98%	99.90%
08	50%	0.50%		25.0%	24.98%	99.90%
09	70%	0.70%		7.5%	7.49%	99.90%
10	50%	0.50%		12.5%	12.49%	99.90%
11	70%	0.70%		0.0%	0.00%	0.00%
12	15%	0.15%		80.0%	79.92%	99.90%
13	25%	0.25%		80.0%	79.92%	99.90%

■ 주식 델타 버킷간 상관계수

[표 3-20]은 주식 델타 버킷간 상관계수 수준을 보여준다. 주가지수 버킷간 상관계수가 75%로 가장 높게 설정되어 있다.

표 3-20 | 주식 델타 버킷간 상관계수

	01	02	03	04	05	06	07	08	09	10	11	12	13
01		15%	15%	15%	15%	15%	15%	15%	15%	15%	0%	45%	45%
02			15%	15%	15%	15%	15%	15%	15%	15%	0%	45%	45%
03				15%	15%	15%	15%	15%	15%	15%	0%	45%	45%
04					15%	15%	15%	15%	15%	15%	0%	45%	45%
05						15%	15%	15%	15%	15%	0%	45%	45%
06							15%	15%	15%	15%	0%	45%	45%
07								15%	15%	15%	0%	45%	45%
08									15%	15%	0%	45%	45%
09										15%	0%	45%	45%
10											0%	45%	45%
11												0%	0%
12													75%
13													

■ 주식 베가 버킷내(버킷간) 상관계수

베가 버킷내 상관계수는 기초자산에 대한 델타 리스크요소에 적용되는 상관계수에 옵션 만기 기준 상관계수를 곱하여 결정하며 베가 버킷간 상관계수는 델타 버킷간 상관계수와 동일하다.

⑥ 상품

■ 상품 델타 버킷내(버킷간) 상관계수

버킷내 상관계수는 [표 3-21]을 준용하며 리스크요소 간 만기 차이가 발생하면 상관계수에 99% 배수를 적용하고 인도지역 차이가 발생하면 다시 한번 상관계수에 99% 배수를 적용한다.

버킷간 상관계수는 기타 버킷을 제외하고 20%를 적용하며 기타 버킷과 다른 버킷들 간 상관계수는 0%를 적용한다.

■ 상품 베가 버킷내(버킷간) 상관계수

베가 버킷내 상관계수는 옵션 기초자산에 대한 델타 리스크요소에 적용되는 상관계수와 옵션 만기 기준 상관계수의 곱으로 결정되며 베가 버킷간 상관계수는 델타 버킷간 상관계수와 동일하다.

표 3-21 상품 델타 버킷내(간) 상관계수

버킷	유형	위험가중치	버킷내 상관계수	버킷간 상관계수
01	에너지(고체 인화물질)	30%	55%	20% (단 기타 버킷은 제외)
02	에너지(액체 인화물질)	35%	95%	
03	에너지(전력 및 탄소배출권 거래)	60%	40%	
04	화물 운송	80%	80%	
05	금속(귀금속 제외)	40%	60%	
06	가스 인화물질	45%	65%	
07	귀금속(금 포함)	20%	55%	

08	곡물 및 기름종자	35%	45%
09	축산 및 낙농	25%	15%
10	기타 농산물	35%	40%
11	기타	50%	15%

⑦ 외환

■ 외환 델타 버킷내(버킷간) 상관계수

위험가중치는 버킷에 상관없이 15%로 적용되며 고유동성 통화(EUR, JPY, GBP, AUD, CAD, CHF, MXN, CNY, NZD, RUB, HKD, SGD, TRY, KRW, SEK, ZAR, INR, NOK, BRL)의 경우 위험가중치를 $\sqrt{2}$ 로 나누어 낮게 조정한다. 외환 리스크군은 버킷이 리스크요소이므로 버킷내 상관계수는 필요 없으며 버킷간 상관계수는 60%로 동일하게 적용한다.

■ 외환 베가 버킷내(버킷간) 상관계수

베가 버킷내 상관계수는 옵션 만기 기준 상관계수를 적용하며 버킷간 상관계수는 60%를 적용한다.

(7) 민감도기반리스크 규제자본 산출

산출된 민감도와 주어진 상관계수를 이용한 민감도기반리스크 규제자본 산출은 아래 [표 3-22] 및 [표 3-23]과 같다.

표 3-22 민감도기반리스크 규제자본 단계별 산식 (델타, 베가)

단계	기호	의미	산식
①	s_k	리스크요소 k에 대한 순민감도	
	RW_k	순민감도 s_k에 적용하는 위험가중치	매핑
②	WS_k	위험가중민감도	$RW_k \cdot s_k$
	ρ_{kl}	리스크요소 간 상관관계	매핑
③	K_b	버킷 내 위험가중민감도 합	$\sqrt{\max\left(0, \sum_k WS_k^2 + \sum_k \sum_{l \neq k} \rho_{kl} WS_k WS_l\right)}$

	S_b	버킷 내 위험가중민감도 단순 합	$\sum_k WS_k$
	γ_{bc}	버킷간 상관관계	매핑
④	$Delta(Vega)$	리스크군별 델타 또는 베가 규제자본	$\sqrt{\sum_b K_b^2 + \sum_b \sum_{c \neq b} \gamma_{bc} S_b S_c}$

표 3-23 민감도기반리스크 규제자본 단계별 산식 (커버쳐)

단계	기호	의미 및 산식
	i	커버쳐리스크요소 k 관련 거래
	x_k	리스크요소 k 현재 수준
	$V_i(x_k)$	리스크요소 k의 현재 수준이 x_k인 거래 i의 현재 가치
①	$V_i\left(x_k^{RW(curvature)^+}\right)$ $V_i\left(x_k^{RW(curvature)^-}\right)$	리스크요소 k에 상하방 충격을 적용한 거래 i의 가치
	$RW_k^{(curvature)}$	리스크요소 k의 커버쳐리스크에 대한 위험가중치
②	s_{ik}	주식·외환: 리스크요소 k에 대한 거래 i의 델타 민감도 금리·신용·상품: 커버쳐리스크요소 k관련 커브 모든 만기에 대한 거래 i의 델타 민감도를 합산한 값
③	CVR_k^+ CVR_k^-	개별 충격 시나리오 순민감도 $-\sum\left[V_i\left(x_k^{RW(curvature)^+}\right) - V_i(X_k) - RW_k^{curvature} \cdot s_{ik}\right]$ $-\sum\left[V_i\left(x_k^{RW(curvature)^-}\right) - V_i(X_k) + RW_k^{curvature} \cdot s_{ik}\right]$
④	K_b	버킷 b 커버쳐 규제자본 $K_b = \max\{K_b^+, K_b^-\}$ $K_b^+ = \sqrt{\max\left\{0, \sum_k [\max(0, CVR_k^+)]^2 + \sum_k \sum_{l \neq k} \rho_{kl} \cdot CVR_k^+ \cdot CVR_l^+ \cdot \Psi(CVR_k^+, CVR_l^+)\right\}}$ $K_b^- = \sqrt{\max\left\{0, \sum_k [\max(0, CVR_k^-)]^2 + \sum_k \sum_{l \neq k} \rho_{kl} \cdot CVR_k^- \cdot CVR_l^- \cdot \Psi(CVR_k^-, CVR_l^-)\right\}}$ * $\Psi(CVR_k, CVR_l) = \begin{cases} 0 & (\text{if } CVR_k < 0 \text{ and } CVR_l < 0) \\ 1 & (otherwise) \end{cases}$
⑤	S_b	버킷내 개별충격 시나리오 순민감도 CVR_k 단순 합 K_b가 K_b^+ (resp. K_b^-)인 경우 $\sum_k CVR_k^+$ (resp. $\sum_k CVR_k^-$)
⑥	$Curvature$	$\sqrt{\max\left\{0, \sum_b K_b^2 + \sum_b \sum_{c \neq b} \gamma_{bc} \cdot S_b \cdot S_c \cdot \Psi(S_b, S_c)\right\}}$ * $\Psi(S_b, S_c) = \begin{cases} 0 & (\text{if } S_b < 0 \text{ and } S_c < 0) \\ 1 & (otherwise) \end{cases}$

(8) 상관계수 시나리오별 규제자본 산출

실제 스트레스 시장상황에서 리스크요소 간, 리스크버킷 간 상관관계는 정상적인 시장상황과 다르게 증가 또는 감소한다. 이를 반영하기 위하여 버킷내 상관계수 ρ_{kl}, 버킷간 상관계수 γ_{bc}에 세 가지 시나리오(High, Medium. Low)를 적용하고 규제자본 합산 과정을 반복하여, 개별 시나리오에 대한 규제자본을 산출하여야 한다. 상관계수 시나리오는 [표 3-24]와 같다.

표 3-24 상관계수 시나리오

구분	Low	Medium	High
버킷내 상관계수	$\max\{75\% \cdot \rho_{kl},\ 2\rho_{kl} - 100\%\}$	ρ_{kl}	$\min\{100\%,\ 1.25\rho_{kl}\}$
버킷간 상관계수	$\max\{75\% \cdot \gamma_{bc},\ 2\gamma_{bc} - 100\%\}$	γ_{bc}	$\min\{100\%,\ 1.25\gamma_{bc}\}$

(9) 최종 규제자본 산출

이러한 3개 상관계수 시나리오에 대한 민감도기반리스크 규제자본들 중에서 최대값을 최종적으로 사용한다.

2.2. 부도리스크

부도리스크 규제자본 산출은 개별 리스크군 부도리스크 규제자본을 단순 합하여 산출하며 특정 리스크군 규제자본 산출은 다음과 같은 순서로 진행된다.
① 익스포져별 총JTD리스크 산출
② 동일 차주의 총JTD리스크를 상쇄하여 차주별 순JTD리스크 산출
③ 순JTD리스크를 버킷에 할당
④ 순매입JTD리스크와 순매도JTD리스크를 사용하여 개별 버킷의 헤지효과성비율을 산출. 헤지효과성비율은 순매도JTD리스크의 순매입JTD리스크 상쇄 효과를 경감하는 역할이며, 위험가중치 및 헤지효과성비율을 순매입JTD리스크와 순매도JTD리스크에 적용하여 버킷별 규제자본 산출

⑤ 버킷별 규제자본을 단순 합산하여 리스크군별 규제자본 산출

　단, 유동화(CTP)의 경우 버킷간 일부 상쇄를 허용

　부도리스크 규제자본 산출에서는 민감도리스크 규제자본 산출과 상이하게 버킷간 상관관계는 반영되지 않는다. 단, 구표준방법에서 동일 차주에 대한 금리 개별리스크와 주식 개별리스크 간의 상계를 인정하지 않은 반면 신표준방법에서는 동일 차주에 대한 상계 효과를 일부 반영하며, 차주와 무관하게 버킷 내에서 헤지효과성비율 개념을 도입하여 상계 효과를 일부 반영하는 특징이 있다. 실제로, 비유동화 리스크군 기업 버킷에 속하는 채권 매입 포지션과 주식 매도 포지션이 있을 경우 동일 차주이면 주식 매도 포지션이 채권 매입 포지션을 상계하며 동일 차주가 아니더라도 헤지효과성비율로 인해 버킷 내에서 일부 상계되는 효과를 가져온다.

　신표준방법에서 도입된 LTA(Look-Through Approach: 기초자산접근법 또는 투과법)는 부도리스크 산출을 복잡하게 만든 개념 중에 하나이다. 실제 거래되는 비유동화 신용 또는 주식 파생상품의 경우 LTA를 적용하여 개별 발행자의 JTD리스크를 산출해야 한다. 해당 상품의 JTD리스크는 "개별 기초자산의 부도 발생 시 상품 가격과 모든 기초자산의 부도 미발생 시 상품 가격의 차이"로 산출하게 되므로 가격 산출이 복잡한 파생상품의 경우 수많은 연산이 필요하다.

　예를 들어, 대표적인 국민 재테크 상품인 ELS(바스켓: S&P500, Eurostoxx50, KOSPI200)의 경우 부도리스크 산출을 위해 총 750(=500+50+200)번의 연산이 필요하다. 물론, 이러한 개별종목 각각에 대한 표준신용등급 정보 역시 필요하므로 ELS 트레이딩 포지션의 부도리스크를 산출하기 위해 필요한 정보와 연산은 매우 부담스러운 것이 사실이다.

　신표준방법 부도리스크 특징은 국가, 공공기관, 국제개발은행 등은 감독당국의 재량으로 0%의 위험가중치를 적용할 수 있다는 것이다. 반면 신용스프레드리스크에서는 정부 관련 섹터를 별도의 버킷으로 지정하여 국채 역시 신용스프레드리스크 존재를 인식한다는 것이다.

　즉, 감독당국의 재량이긴 하지만 신용리스크 규제자본 산출 체계와의 일관성을 위해 국가, 공공기관, 국제개발은행 등에 한하여 부도리스크가 없는 것으로

인식할 수 있지만 신용스프레드리스크는 예외 없이 인식하는 것이다.

부도리스크 규제자본의 또 다른 특징은 신용리스크 자본 시계와 동일하게 1년을 가정하므로 만기 조정이 필요하다는 것이다. 만기가 있는 상품의 경우 연 단위로 환산한 만기를 반영하는데 이때 최대 만기는 1년으로 사용한다. 단, 주식은 만기 개념이 없으므로 3개월과 1년 중에 하나를 선택하여 일관되게 적용해야 한다.

리스크군에 따른 부도리스크 규제자본 산출을 비교 정리하면 [표 3-25]와 같다.

표 3-25 리스크군별 부도리스크 규제자본

단계		비유동화	유동화 (CTP 제외)	유동화 (CTP)
① 총 JTD	산식	$JTD_{long} = \max\{0, LGD \cdot Notional + P\&L\}$ $JTD_{short} = \min\{LGD \cdot Notional + P\&L, 0\}$	시장가치	시장가치
	LGD	(1) 지분상품, 비선순위 채무상품: 100% (2) 선순위 채무상품: 75% (3) 커버드본드: 25% (4) 가치가 회수율에 연계되지 않는 상품: 0%		
	명목원금 (Notional)	(1) 채권: 액면금액 (2) CDS 또는 채권 풋 옵션: 파생상품 명목원금 (3) 채권 콜 옵션: 0		
	손익 (P&L)	(1) 채권: 시장가치-액면금액 (2) CDS: -시가평가가치 (3) 채권 풋 옵션 매도: 행사가격-|시가평가가치|-명목원금 (4) 채권 콜 옵션 매입: 시가평가가치		
② 순JTD		단, 동일 차주이고 매입 익스포져가 매도 익스포져에 비해 상환 순위가 우선이거나 동등한 경우 총 JTD리스크 상쇄	만기 외 다른 조건 (기초자산pool, 트렌치) 동일하면 상쇄	만기 외 다른 조건 (패밀리, 시리즈, 트렌치) 동일(또는 복제가능)하면 상쇄

단계		비유동화, 유동화(CTP 제외)	유동화(CTP)
③ D R C	버 킷 내	$DRC_b = \max\left\{0, \left[\left(\sum_{i \in Long} RW_i \cdot netJTD_i\right) - HBR \cdot \left(\sum_{i \in Short} RW_i \cdot \lvert netJTD_i \rvert\right)\right]\right\}$ $HBR = \dfrac{\sum netJTD_{long}}{\sum netJTD_{long} + \sum \lvert netJTD_{short} \rvert}$	$DRC_b = \left(\sum_{i \in Long} RW_i \cdot netJTD_i\right) - HBR_{CTP} \cdot \left(\sum_{i \in Short} RW_i \cdot \lvert netJTD_i \rvert\right)$ HBR_{CTP}은 전체 버킷 고려
	버 킷 간	단순 합산	DRC_{CTP} $= \max\left\{0, \sum_b (\max\{0, DRC_b\} + 0.5 \cdot \min\{0, DRC_b\})\right\}$ $= \max\left\{0, \sum_b (DRC_b - 0.5 \cdot \min\{0, DRC_b\})\right\}$

리스크군별 부도리스크 규제자본 산출 시 주지할 점은 다음과 같다.

① 총JTD를 상쇄할 수 있는 조건은 리스크군별로 상이하다.

② 비유동화 및 유동화(CTP 제외)는 버킷별로, 유동화(CTP)는 전체 버킷으로 HBR을 산출한다.

③ 최종 부도리스크 산출에서 비유동화 및 유동화(CTP 제외)는 버킷간 단순 합산으로 산출하는 반면, 유동화(CTP)는 산식을 통해 일부 상쇄를 허용한다.

부도리스크 리스크군별 위험가중치 설정은 다음과 같다.

(1) 비유동화

표준신용등급별 위험가중치는 [표 3-26]과 같다.

표 3-26) 부도리스크 위험가중치(비유동화)

신용도	AAA	AA	A	BBB	BB	B	CCC	무등급	부도
위험가중치(RW)	0.5%	2%	3%	6%	15%	30%	50%	15%	100%

(2) 유동화(CTP 제외)

신용도가 아니라 트렌치에 따라 결정되는데 은행계정 유동화 익스포져 위험가중치를 준용하도록 되어 있다. 은행계정 유동화 익스포져 리스크 측정 방법 중 외부신용등급법(External Ratings-Based Approach, SEC-ERBA)을 적용하여 유동화포지션의 위험가중치를 산출하며 현물 유동화포지션은 공정가치를 상한으로 규제자본을 산출할 수 있다.

외부신용등급법(SEC-ERBA) 산출 기준은 유동화 익스포져 외부신용등급이 존재하는 경우, 등급별 위험가중치를 적용하여 위험가중자산을 산출하는 방식이다. 둘 이상의 적격 외부신용평가기관의 신용등급이 서로 다를 경우 "second-best rule"에 의해 적용 신용등급을 결정한다(물론, 이러한 외부신용등급법을 적용하지 못하는 경우 표준방법(SEC-SA)을 적용해야 하며 위험가중치는 더 증가하게 된다).

단기신용등급의 위험가중치는 다음과 같다.

표 3-27 부도리스크 위험가중치(CTP 제외 유동화, 단기 외부신용등급법)

표준신용등급	A-1/P-1	A-2/P-2	A-3/P-3	기타신용등급
위험가중치	1.2%	4%	8%	100%

장기신용등급 위험가중치는 유동화 익스포져 표준신용등급 및 선순위 여부 정보를 통해 적용할 위험가중치의 상한(5년) 및 하한(1년)을 추출하여 다음과 같이 선형 보간 조정 위험가중치를 산출하여 적용한다.

$$RW_{선형보간} = RW_5 - \left(\frac{5 - M_T}{5 - 1}\right) \times (RW_5 - RW_1)$$

여기서, M_T는 연단위로 표현한 트렌치 잔여유효만기를 의미한다. 잔여유효만기는 (1) 현금흐름 가중평균 만기와 (2) 트렌치 최종 법정 만기에 기반한 만기 중 하나를 적용해야 한다.

트렌치 최종 법정 만기에 기반한 만기는 유동화 익스포져로부터 발생 가능한 잠재적 손실에 노출되는 최대 기간을 감안한 트렌치 최종 법정 만기(M_L)를 다음과 같이 조정하여 사용한다.

$$M_T = 1 + (M_L - 1) \times 80\%$$

선형 보간으로 산출한 위험가중치에 트렌치 두께(T: Thickness)를 반영하여 최종 적용 위험가중치(RW)를 산출한다.

$$RW = RW_{선형보간} \times (1 - \min\{T, \ 50\%\})$$

여기서, 트렌치 두께(T)는 손실종료점(DP)에서 손실시작점(AP)을 차감한 값을 의미하며, 해당 정보가 입수되지 않는 경우 보수적인 관점에서 0의 값을 적용한다. 즉, 트렌치 두께가 얇을수록 위험가중치가 증가하도록 상향 조정하게 된다.

표 3-28 부도리스크 위험가중치 상하한(유동화, CTP 제외, 장기 외부신용등급법)

표준신용등급	선순위 트렌치		비선순위 트렌치	
	트렌치 만기(M_T)		트렌치 만기(M_T)	
	1년(하한)	5년(상한)	1년(하한)	5년(상한)
AAA	1.2%	1.6%	1.2%	5.6%
AA+	1.2%	2.4%	1.2%	7.2%
AA	2.0%	3.2%	2.4%	9.6%
AA-	2.4%	3.6%	3.2%	11.2%
A+	3.2%	4.0%	4.8%	12.8%
A	4.0%	5.2%	6.4%	14.4%
A-	4.8%	5.6%	9.6%	16.8%
BBB+	6.0%	7.2%	13.6%	20.8%
BBB	7.2%	8.4%	17.6%	24.8%
BBB-	9.6%	11.2%	26.4%	33.6%
BB+	11.2%	12.8%	37.6%	46.4%
BB	12.8%	14.4%	49.6%	60.8%
BB-	16.0%	18.0%	60.0%	68.8%
B+	20%	22.4%	72.0%	76.0%
B	24.8%	27.2%	84.0%	84.0%
B-	30.4%	33.6%	90.4%	90.4%
CCC+/CCC/CCC-	36.8%	40.4%	100.0%	100.0%
CCC- 미만	100.0%	100.0%	100.0%	100.0%

* 은행계정 유동화 익스포져 위험가중치는 위험가중자산 기준인 반면 트레이딩 계정 위험가중치는 규제자본 기준

[표 3-28] 위험가중치 상(하)한 정보를 이용하여 표준신용등급 및 트렌치 만기, 트렌치 두께에 따라 결정되는 부도리스크 위험가중치 값을 구해보면 [표 3-29] 및 [표 3-30]과 같다.

단, 은행계정 유동화 익스포져 만기 조정에 이미 반영되어 있는 신용전이리스크를 중복으로 고려하지 않기 위해 실질적으로 만기 1년으로 조정해야 한다. 이는 시장리스크 규제자본 산출 체계에서 신용스프레드리스크로 신용전이리스크를 기 반영했기 때문이다. 결국 RW$_{선형보간}$ 결과는 트렌치 만기 1년(하한)과 동일하게 된다.

표 3-29 선순위 트렌치 위험가중치(유동화: CTP 제외)

표준신용등급	두께(Thickness = DP−AP)				
	3%	6%	9%	12%	15%
AAA	1.2%	1.1%	1.1%	1.1%	1.0%
AA+	1.2%	1.1%	1.1%	1.1%	1.0%
AA	1.9%	1.9%	1.8%	1.8%	1.7%
AA−	2.3%	2.3%	2.2%	2.1%	2.0%
A+	3.1%	3.0%	2.9%	2.8%	2.7%
A	3.9%	3.8%	3.6%	3.5%	3.4%
A−	4.7%	4.5%	4.4%	4.2%	4.1%
BBB+	5.8%	5.6%	5.5%	5.3%	5.1%
BBB	7.0%	6.8%	6.6%	6.3%	6.1%
BBB−	9.3%	9.0%	8.7%	8.4%	8.2%
BB+	10.9%	10.5%	10.2%	9.9%	9.5%
BB	12.4%	12.0%	11.6%	11.3%	10.9%
BB−	15.5%	15.0%	14.6%	14.1%	13.6%
B+	19.4%	18.8%	18.2%	17.6%	17.0%
B	24.1%	23.3%	22.6%	21.8%	21.1%
B−	29.5%	28.6%	27.7%	26.8%	25.8%
CCC+/CCC/CCC−	35.7%	34.6%	33.5%	32.4%	31.3%
CCC− 미만	97.0%	94.0%	91.0%	88.0%	85.0%

표 3-30 비선순위 트렌치 위험가중치(유동화: CTP 제외)

표준신용등급	두께(Thickness = DP−AP)				
	3%	6%	9%	12%	15%
AAA	1.2%	1.1%	1.1%	1.1%	1.0%
AA+	1.2%	1.1%	1.1%	1.1%	1.0%
AA	2.3%	2.3%	2.2%	2.1%	2.0%
AA−	3.1%	3.0%	2.9%	2.8%	2.7%
A+	4.7%	4.5%	4.4%	4.2%	4.1%
A	6.2%	6.0%	5.8%	5.6%	5.4%
A−	9.3%	9.0%	8.7%	8.4%	8.2%
BBB+	13.2%	12.8%	12.4%	12.0%	11.6%
BBB	17.1%	16.5%	16.0%	15.5%	15.0%
BBB−	25.6%	24.8%	24.0%	23.2%	22.4%
BB+	36.5%	35.3%	34.2%	33.1%	32.0%
BB	48.1%	46.6%	45.1%	43.6%	42.2%
BB−	58.2%	56.4%	54.6%	52.8%	51.0%
B+	69.8%	67.7%	65.5%	63.4%	61.2%
B	81.5%	79.0%	76.4%	73.9%	71.4%
B−	87.7%	85.0%	82.3%	79.6%	76.8%
CCC+/CCC/CCC−	97.0%	94.0%	91.0%	88.0%	85.0%
CCC− 미만	97.0%	94.0%	91.0%	88.0%	85.0%

동일 만기 1년을 가정한 경우 표준신용등급 A에 해당하는 유동화(CTP 제외) 포지션 위험가중치는 두께 3%인 경우 선순위 4.7%, 비선순위 6.2%로 비유동화 3% 대비 높게 설정된다. 이러한 위험가중치는 트렌치 두께가 3%보다 감소하는 경우 더 커지게 된다.

(3) 유동화(CTP)

유동화(CTP 제외)와 동일하게 은행계정 유동화 익스포져 위험가중치를 준용하도록 되어 있다. 단, 트렌치 구조가 아닌 상품은 비유동화상품의 위험가중치를 준용한다.

2.3. 잔여리스크

헤지 거래가 대상 거래와 정확히 일치하고 방향만 반대인 백투백 거래는 제외하도록 되어 있으며 포지션 금액에 일정 위험가중치를 적용하여 산출한다.

첫째, 손익 구조 특수성으로 0.1% 위험가중치를 적용하는 대상은 다음처럼 세 개로 구분한다.

(1) 갭 리스크

기초자산의 작은 변동으로 베가가 크게 변동하는 리스크로 불완전 헤지를 야기할 수 있다. 관련 상품으로는 배리어 옵션 등 경로 의존형 옵션, 아시아형 옵션, 디지털 옵션 등이 있다.

(2) 상관관계 리스크

복수 기초자산 상품의 가치에 영향을 미치는 상관관계가 변동하는 리스크로 관련 상품으로는 바스켓 옵션, 베스트 오브(best-of) 옵션, 스프레드 옵션, 베이시스 옵션, 버뮤단 옵션, 콴토 옵션 등이 있다.

(3) 행동 리스크

옵션의 행사 또는 조기상환 등의 의사결정이 변동하는 리스크로 계량화가 불가능한 특징이 있다. 고정금리 주택담보대출 상품의 경우 고객이 순수한 재무적 이익이 아닌 다른 요인(예: 인구통계적 또는 다른 사회적 요인 등)으로 인하여 조기상환을 할 수 있다. 고객이 조기상환권을 갖는 채권도 행동 리스크에 노출되어 있다.

둘째, 이색 기초자산으로 1% 위험가중치를 적용하는 대상은 민감도기반리스크와 부도리스크 산출 대상이 아닌 기초자산 연계 트레이딩 포지션을 말한다.

3. 시장리스크 규제자본

신표준방법 기준 시장리스크 규제자본은 민감도기반리스크, 부도리스크, 잔여리스크 합으로 결정되며 간단히 요약하면 [표 3-31]과 같다.

표 3-31 시장리스크 규제자본 산출 체계

수준 1	수준 2	수준 3		
민감도기반 리스크	금리 리스크	델타	베가	커버쳐
	신용스프레드 리스크(비유동화)	델타	베가	커버쳐
	신용스프레드 리스크(유동화: CTP 제외)	델타	베가	커버쳐
	신용스프레드 리스크(유동화: CTP)	델타	베가	커버쳐
	주식 리스크	델타	베가	커버쳐
	상품 리스크	델타	베가	커버쳐
	외환 리스크	델타	베가	커버쳐
부도리스크	비유동화			
	유동화: CTP 제외			
	유동화: CTP			
잔여리스크	이색 기초자산			
	손익구조 특수성			

특히, 특정 리스크군이 N개의 버킷으로 구성되어 있고 예를 들어, 버킷별 리스크요소가 3, 2, 4, ···, M개로 구성되어 있을 경우 산출해야 할 민감도는 [표 3-32]와 같다.

표 3-32 민감도기반리스크 산출 시 특정 리스크군 산출 체계

버킷	리스크요소	민감도		
1	1	델타(1,1)	베가(1,1)	커버쳐(1,1)
	2	델타(1,2)	베가(1,2)	커버쳐(1,3)
	3	델타(1,3)	베가(1,3)	커버쳐(1,3)
2	1	델타(2,1)	베가(2,1)	커버쳐(2,1)
	2	델타(2,2)	베가(2,2)	커버쳐(2,2)

	:	:	:	:
	1	델타(N,1)	베가(N,1)	커버쳐(N,1)
	2	델타(N,2)	베가(N,2)	커버쳐(N,2)
N	:	:	:	:
	M	델타(N,M)	베가(N,M)	커버쳐(N,M)

신표준방법이 구표준방법 대비 민감도가 제고되고 헤징과 분산효과를 적절하게 반영하도록 설계되었으나 리스크군 간 분산효과는 여전히 반영하지 않아 신내부모형이 가지고 있는 분산효과를 반영할 수는 없다. 신표준방법의 전체적인 규제자본 산출 특징을 정리하면 다음과 같다.

① 민감도기반리스크
- 리스크요소 기준 민감도(델타, 베가, 커버쳐)를 산출한다.
- 헤징과 분산효과는 리스크요소 간에서 또는 리스크버킷 간에서 반영한다. (단, 리스크군 간에는 반영하지 않는다)
- 버킷간 또는 버킷내 상관계수 시나리오 3개 적용한 결과의 최대값을 적용한다.
② 부도리스크
- 신용 리스크군 3개를 기준으로 구분하여 산출하며 이들을 단순 합산한다.
- 단, 버킷내 상계를 허용한다.
③ 잔여리스크
- 지정된 리스크군 외의 기초자산 또는 특수한 손익구조로 인한 리스크를 추가로 반영한다.

시장리스크 신표준방법 규제자본

상품별
규제자본 산출

RISK

상품별 규제자본 산출

본 장에서는 리스크군별 대표적인 실제 거래 중심으로 신표준방법 규제자본 산출 결과를 보여주고자 한다. 산출 결과는 추가적인 단위 표시를 않는 경우 원 단위이다. 또한 ***리스크로 표현된 숫자들은 ***리스크 규제자본을 의미하며 본 장부터는 민감도기반리스크를 간략히 민감도리스크로 부르도록 한다.

1. 주식

1.1. 주식현물

주식현물 포지션은 구표준방법 기준 일반시장리스크와 개별리스크 각각 8% 규제자본이 요구된다. 반면 신표준방법은 민감도리스크, 부도리스크, 잔여리스크 세 개 영역으로 산출된 값을 합하여 결정되므로 최종 규제자본 결과를 예측하기 쉽지 않다.

(1) 한 종목인 경우

예를 들어, 삼성전자 주식을 1백만원 가지고 있다고 가정해 보자.

구표준방법으로는 주식 포지션 금액 1백만원에 일반시장리스크 8%, 개별리스크 8%를 각각 적용하여 최종 16만원의 규제자본이 필요하다.

신표준방법 규제자본을 측정하기 위해서는 우선 포지션 금액 외에 삼성전자의 시가총액, 섹터, 선진·신흥시장 구분, 표준신용등급 정보가 필요하다. 참고로 주식현물은 민감도리스크 산출 기준인 델타, 베가, 커버쳐 중에서 델타만 필요하게 되며 포지션 금액이 델타이다.

삼성전자의 시가총액 480조원, 섹터는 제조업, 신흥시장, 표준신용등급 AA 정보가 주어져 있다고 가정해 보자. 물론, 이러한 정보를 일별 입수 및 관리하는 시스템을 개발하는 것이 쉬운 작업은 아니다.

해당 주식은 주식 리스크군 버킷 3에 해당하여 민감도리스크 위험가중치는 45%가 적용된다. 표준신용등급 AA인 경우 부도리스크 위험가중치는 2%가 적용되며 잔여리스크는 0%이다. 결국 최종 규제자본은 포지션 금액의 47%로 구표준방법 대비 3배 수준으로 증가한다.

■ 주식현물 포지션 규제자본(한 종목인 경우, 포지션 금액 대비)

구표준방법	일반시장리스크(A)	개별리스크(B)	옵션리스크(C)	합계(=A+B+C)
	8%	8%	0%	16%
신표준방법	민감도리스크(A)	부도리스크(B)	잔여리스크(C)	합계(=A+B+C)
	45%	2%	0%	47%

이러한 결과는 주식 한 종목만을 트레이딩 포지션으로 가지고 있는 경우로 실제 신표준방법은 버킷내 상관계수 및 버킷간 상관계수를 적용하여 주식 포트폴리오 시장리스크를 측정한다. 따라서 구표준방법에서 서로 다른 두 종목에 분산 투자를 한 경우와 한 종목에 집중 투자하는 경우에 규제자본이 동일하지만 신표준방법에서는 다른 두 종목에 분산 투자하는 것이 규제자본 관점에서 유리하다. 즉, 계란을 한 바구니에 담지 말라는 주식투자의 기본 명제를 반영한 규제자본 산출 방법이라 할 수 있다. 여러 종목의 주식을 보유한 경우 다양한 버킷에 분산되어 매핑되므로 실제 산출된 최종 주식 포트폴리오 규제자본은 버킷별 위험가중치보다 매우 많이 감소하게 된다.

(2) 포트폴리오인 경우

예를 들어, 주식 매입 포지션들로 구성된 주식 포트폴리오의 경우 구표준방법 기준으로 포지션 금액에 16%를 곱하여 규제자본을 쉽게 산출할 수 있다. 반면 신표준방법 기준으로 산출하기 위해서는 다음의 사항들을 고려해야 한다.

첫째, 민감도리스크 측정을 위해 시가총액, 경제수준, 섹터 정보를 입수하여 개별종목이 어떤 버킷에 속하는지 판단한 후 버킷별 위험가중치(15%~70%)를 적용하여 민감도리스크 규제자본을 산출하게 된다.

한 종목만을 취급한 경우 해당 버킷 위험가중치를 적용한 결과가 최종 값이지만 둘 이상의 종목을 취급하는 경우 해당 종목이 어떤 버킷으로 매핑되어 분산되는지에 따라 최종 민감도리스크 규제자본 수준은 상이하게 산출된다. 신표준방법은 버킷내 상관관계와 버킷간 상관관계까지 반영하고 있다. 버킷내 상관계수는 소형주보다 대형주에서, 신흥시장보다 선진시장에서 높게 설정된 특징이 있다. 버킷간 상관계수는 지수에 해당하는 버킷간 상관계수를 가장 높게 75%로 설정하는 반면 기타 버킷은 단순 합산으로 처리하도록 되어 있다.

둘째, 부도리스크 측정을 위해 주식 발행 기업의 표준신용등급이 필요하다. 신용등급에 따라 위험가중치가 차등 적용된다. 구표준방법 주식 개별리스크 산출에서는 발행 기업의 신용등급과 무관하게 동일 위험가중치 8%를 적용한다. 반면 신표준방법은 표준신용등급(국내 신용등급이 아닌 국제 신용등급)에 따라 위험가중치를 0.5%~100%로 차등 적용하게 된다. 특히, 신용등급 정보가 없어 무등급 처리되는 경우 15%의 높은 위험가중치가 적용되어 신용등급 정보 관리가 매우 중요하다.

셋째, 잔여리스크에 해당하는 일부 주식포지션의 경우 이색 기초자산이라는 특수성을 반영하여 포지션에 위험가중치 1%를 적용하게 된다. 이러한 포지션은 투과법이 적용되지 않거나 지수와 동일하다고 인정할 수 없는 ETF 상품이 대표적이라 할 수 있다. 주식현물 포지션의 경우 잔여리스크 규제자본은 없다.

아래 예시 포트폴리오에서 신표준방법 규제자본은 포지션 금액의 34% 수준으로 구표준방법 규제자본 대비 2배 이상이다. 또한 상장주식 포트폴리오에 대한 바젤3 시장리스크 규제자본이 바젤3 신용리스크 규제자본 20% 수준보다도 높을 수 있다는 것을 보여준다. 이러한 이유로 바젤3에서는 상장주식을 신용위험가중자산 대상으로 변경할 경우 규제자본 차익을 목적으로 하지 않다는 것을 감독기관에 소명하도록 요구하고 있다.

■ 주식 포트폴리오 민감도리스크 규제자본 (상관계수: Medium 적용)

	버킷	종목	포지션 금액 (원, A)	위험 가중치 (B)	A*B	버킷내 단순 합	버킷내 상관관계 반영 합	버킷간 상관관계 반영 합
1	1	Com01	222,029,500	55%	122,116,225			
2		Com02	145,665,000	55%	80,115,750	314,464,975	196,297,091	
3		Com03	122,460,000	55%	67,353,000			
4		Com04	81,600,000	55%	44,880,000			
5	2	Com05	382,250,000	60%	229,350,000			
6		Com06	116,100,000	60%	69,660,000			
7		Com07	411,600,000	60%	246,960,000			
8		Com08	639,015,000	60%	383,409,000	1,546,221,000	856,583,731	
9		Com09	642,420,000	60%	385,452,000			
10		Com10	165,870,000	60%	99,522,000			
11		Com11	219,780,000	60%	131,868,000			
12	3	Com12	198,990,000	45%	89,545,500			
13		Com13	1,643,000,000	45%	739,350,000			
14		Com14	334,630,000	45%	150,583,500			
15		Com15	592,000,000	45%	266,400,000			
16		Com16	3,996,740,000	45%	1,798,533,000			
17		Com17	255,500,000	45%	114,975,000			
18		Com18	224,400,000	45%	100,980,000			
19		Com19	593,437,500	45%	267,046,875			4,614,134,358
20		Com20	150,855,000	45%	67,884,750	4,754,211,750	2,630,063,029	
21		Com21	230,460,000	45%	103,707,000			
22		Com22	226,540,000	45%	101,943,000			
23		Com23	194,460,000	45%	87,507,000			
24		Com24	273,540,000	45%	123,093,000			
25		Com25	434,700,000	45%	195,615,000			
26		Com26	315,000,000	45%	141,750,000			
27		Com27	228,772,500	45%	102,947,625			
28		Com28	193,170,000	45%	86,926,500			
29		Com29	478,720,000	45%	215,424,000			
30	4	Com30	246,500,000	55%	135,575,000			
31		Com31	419,440,000	55%	230,692,000	632,093,000	425,270,090	
32		Com32	483,320,000	55%	265,826,000			
33	9	Com33	121,650,000	70%	85,155,000	85,155,000	85,155,000	
34	11	Com34(ETF)	206,400,000	70%	144,480,000			
35		Com35(ETF)	506,220,000	70%	354,354,000			
36		Com36(ETF)	555,390,000	70%	388,773,000	3,028,766,650	3,028,766,650	
37		Com37(ETF)	1,710,824,500	70%	1,197,577,150			
38		Com38(ETF)	1,347,975,000	70%	943,582,500			
합계(원)			19,311,424,000			10,360,912,375	7,222,135,591	4,614,134,358
비율(합계/포지션)			100.0%			53.7%	37.4%	23.9%

■ 주식 포트폴리오 부도리스크 규제자본

	버킷	종목	포지션금액 (원)	주식 델타 위험 가중치	표준 신용등급	부도 위험가중치	JTD	위험가중 JTD
1	1	Com01	222,029,500	55%	A−	3%	222,029,500	6,660,885
2		Com02	145,665,000	55%	무등급	15%	145,665,000	21,849,750
3		Com03	122,460,000	55%	무등급	15%	122,460,000	18,369,000
4		Com04	81,600,000	55%	BBB+	6%	81,600,000	4,896,000
5	2	Com05	382,250,000	60%	AA−	2%	382,250,000	7,645,000
6		Com06	116,100,000	60%	무등급	15%	116,100,000	17,415,000
7		Com07	411,600,000	60%	A	3%	411,600,000	12,348,000
8		Com08	639,015,000	60%	무등급	15%	639,015,000	95,852,250
9		Com09	642,420,000	60%	무등급	15%	642,420,000	96,363,000
10		Com10	165,870,000	60%	무등급	15%	165,870,000	24,880,500
11		Com11	219,780,000	60%	BBB−	6%	219,780,000	13,186,800
12	3	Com12	198,990,000	45%	무등급	15%	198,990,000	29,848,500
13		Com13	1,643,000,000	45%	A	3%	1,643,000,000	49,290,000
14		Com14	334,630,000	45%	BBB+	6%	334,630,000	20,077,800
15		Com15	592,000,000	45%	A+	3%	592,000,000	17,760,000
16		Com16	3,996,740,000	45%	AA−	2%	3,996,740,000	79,934,800
17		Com17	255,500,000	45%	AA−	2%	255,500,000	5,110,000
18		Com18	224,400,000	45%	무등급	15%	224,400,000	33,660,000
19		Com19	593,437,500	45%	무등급	15%	593,437,500	89,015,625
20		Com20	150,855,000	45%	무등급	15%	150,855,000	22,628,250
21		Com21	230,460,000	45%	무등급	15%	230,460,000	34,569,000
22		Com22	226,540,000	45%	BBB	6%	226,540,000	13,592,400
23		Com23	194,460,000	45%	AA−	2%	194,460,000	3,889,200
24		Com24	273,540,000	45%	A+	3%	273,540,000	8,206,200
25		Com25	434,700,000	45%	BBB+	6%	434,700,000	26,082,000
26		Com26	315,000,000	45%	A	3%	315,000,000	9,450,000
27		Com27	228,772,500	45%	무등급	15%	228,772,500	34,315,875
28		Com28	193,170,000	45%	무등급	15%	193,170,000	28,975,500
29		Com29	478,720,000	45%	무등급	15%	478,720,000	71,808,000
30	4	Com30	246,500,000	55%	무등급	15%	246,500,000	36,975,000
31		Com31	419,440,000	55%	AA−	2%	419,440,000	8,388,800
32		Com32	483,320,000	55%	AA−	2%	483,320,000	9,666,400
33	9	Com33	121,650,000	70%	무등급	15%	121,650,000	18,247,500
34	11	Com34(ETF)	206,400,000	70%	무등급	15%	206,400,000	30,960,000
35		Com35(ETF)	506,220,000	70%	무등급	15%	506,220,000	75,933,000
36		Com36(ETF)	555,390,000	70%	무등급	15%	555,390,000	83,308,500
37		Com37(ETF)	1,710,824,500	70%	무등급	15%	1,710,824,500	256,623,675
38		Com38(ETF)	1,347,975,000	70%	무등급	15%	1,347,975,000	202,196,250
		합계(원)					19,311,424,000	1,619,978,460
		비율(DRC/포지션)						8.4%

■ 주식 포트폴리오 잔여리스크 규제자본

	종목	포지션금액(원)	위험가중치	잔여리스크
35	Com34(ETF)	506,220,000	1%	5,062,200
36	Com35(ETF)	555,390,000	1%	5,553,900
37	Com36(ETF)	1,710,824,500	1%	17,108,245
38	Com37(ETF)	1,347,975,000	1%	13,479,750
합계(원)				41,204,095
비율(잔여리스크/전체포지션)				0.2%

■ 주식 포트폴리오 최종 규제자본

구표준방법	일반시장리스크(A)	개별리스크(B)	옵션리스크(C)	최종(=A+B+C)
	8%	8%	0%	16%
신표준방법	민감도리스크(A)	부도리스크(B)	잔여리스크(C)	최종(=A+B+C)
	24.9%*	8.4%	0.2%	33.5%

* 최대값을 산출하는 상관계수 시나리오는 High로 Medium 적용 결과보다 1% 높다.

예시 포트폴리오 산출 결과에 대하여 부연 설명을 하면 다음과 같다.

첫째, 민감도리스크 규제자본 세부 결과를 보면 버킷내 상관관계를 반영한 경우 버킷내 단순 합보다 55%~67% 수준으로 감소한다. 버킷간 상관관계를 최종적으로 반영하게 되면 버킷별 규제자본 단순 합 대비 64% 수준으로 감소하게 된다.

물론, 최종 규제자본은 버킷내 상관계수 시나리오 3개(High, Medium, Low)와 버킷간 상관계수 시나리오 3개(High, Medium, Low)를 반영하여 최대값으로 결정하게 되는데 이러한 다단계 민감도리스크 규제자본 산출 프로세스를 정리하면 다음과 같다.

■ 민감도리스크 규제자본 산출 프로세스

	산출 프로세스	비율 (=규제자본/포지션금액)
①	종목별 정보(시가총액, 경제수준, 섹터) 기준으로 버킷 매핑	
②	버킷별 위험가중치 적용	53.7%
③	버킷내 상관계수 반영하여 버킷별 규제자본 산출	37.4%
④	버킷간 상관계수 반영하여 주식 포트폴리오 규제자본 산출	23.9%(Medium 상관계수 기준)
⑤	상관계수 3개 시나리오에 대해 위의 ③번과 ④번 산출을 반복	
⑥	⑤번 최종 산출 결과 3개 중 최대값으로 규제자본 결정	24.9%(High: 24.9%, Low: 22.8%)

③번과 ④번 산출 단계에서 분산효과가 반영되어 규제자본이 순차적으로 대폭 감소되나 ⑥번 단계에서 소폭 증가하게 되는 특징이 있다. 결론적으로 구표준방법 일반시장리스크 8% 수준보다 대폭 상승하나 버킷별 위험가중치 수준이 그대로 적용되는 것은 아님을 알 수 있다. 또한, 버킷내 상관계수 및 버킷간 상관계수 반영 규제자본 감소 폭 대비 상관계수 3개 시나리오 적용으로 인한 규제자본 증가 폭은 미미함을 알 수 있다.

본 주식 포트폴리오 예시처럼 매입 포지션(또는 매도 포지션)만으로 구성된 경우 High 상관계수 시나리오에서 최대 규제자본이 산출되지만 매입과 매도 포지션이 혼재되어 있는 주식 포트폴리오의 경우 Low 상관계수 시나리오에서 최대 규제자본이 산출되게 된다.

둘째, 주식 포트폴리오 부도리스크를 측정하기에 앞서 주식 포지션의 유동성 시계를 3개월과 1년 중 어떤 것으로 적용할지 기관별로 설정해야 한다. 본 예시에서는 1년을 적용하여 포지션 금액에 유동성 시계를 적용하더라도 동일한 수준이 되며 LGD 역시 주식은 100% 적용하게 되므로 최종 주식 종목별 JTD 값은 주식 포지션 금액과 동일하게 된다. 단지 종목별 발행기업의 표준신용등급 정보를 이용하여 위험가중치를 차등 적용하면 최종 부도리스크 규제자본이 결정된다. 물론, 매입 포지션과 매도 포지션이 혼재되어 있는 경우 상계 효과를 반영하는 별도의 산식을 적용해야 하지만 이러한 내용은 향후 데스크별 산출 또는 기관별 산출 단계에서 자세히 다루도록 한다.

결국, 매입포지션만으로 이루어진 주식 포트폴리오에서 부도리스크는 개별 주식 표준신용등급별 부도위험가중치를 적용하여 단순 합산하면 된다.

마지막으로, 주식 포트폴리오에 포함된 ETF 포지션의 경우 ETF가 대표 주가지수 수익률과 유사하다는 것으로 소명하여 지수로 처리하는 방법이 있으나 본 예시에서는 보수적으로 인식하여 기타 버킷으로 구분함과 동시에 잔여리스크 측정 대상으로 반영하여 잔여리스크가 일부 산출되고 있다.

1.2. 주식선물

주식선물 포지션은 주식현물 포지션 외에 금리리스크에 대한 민감도리스크가 추가되는 차이가 있다. 단, 주가지수 선물 포지션의 경우 주가지수가 투과법 적용 대상이 되면 주가지수 구성 개별종목 각각에 대한 민감도기반리스크를 측정해야 한다. KOSPI200의 경우 삼성전자의 높은 시가총액 비중(25% 초과)으로 인해 투과법 적용 대상이 된다(물론 향후 삼성전자 주가가 상대적으로 하락할 경우 투과법 적용이 필요 없을 수 있다. 그러나 투과법을 적용하다가 투과법 미적용 조건을 충족하더라도 변경시에 금융감독원 승인이 필요하다). 결국 KOSPI200 지수 선물에 대한 규제자본을 산출하기 위해 200종목으로 구성된 주식 포트폴리오를 보유한 것과 동일한 연산 작업이 필요하다.

(예시1)은 투과법 적용 대상 신흥국 주가지수 선물 매입 포지션이며 (예시2)는 투과법 미적용 대상 선진국 주가지수 선물 매도 포지션으로 각각에 대한 규제자본 결과는 다음과 같다.

(예시1) KOSPI200 선물 매입, 만기: 70일, 수량: 3, 약정단가: 431.1, 거래승수: 250,000, 액면금액: 323,325,000원(=수량×약정단가×거래승수), KOSPI200 종가: 422.36, 평가값: -6,340,608원

- **민감도리스크**(규제자본 결정 상관계수 시나리오: High)
  - 주식 델타 리스크, 금리 델타 리스크로 구성
  - KOSPI200은 투과법 적용 대상(∵ 삼성전자 시가총액 비중이 25% 초과)

- 부도리스크: 선물 매입으로 지수 구성 개별종목에 대한 표준신용등급 반영하여 산출
- 잔여리스크: 선형 파생상품으로 해당사항 없음
- 규제자본
  - 84백만원(액면금액 대비 26%)
  - 구표준방법 10%(일반시장리스크: 8%, 개별리스크: 2%) 대비 16% 상승

민감도리스크.H	민감도리스크.M	민감도리스크.L	부도리스크	잔여리스크	총합*
78,130,854	72,445,372	66,270,707	6,168,472	0	84,299,326

* 총합 = Max(민감도리스크.H, 민감도리스크.H, 민감도리스크.H) + 부도리스크 + 잔여리스크

— (예시2) S&P500 MINI 선물 매도, 만기: 60일, 수량: 12, 약정단가: 4,171.25, 거래승수: 50, 액면금액: $2.5백만(=수량×약정단가×거래승수), S&P500 종가: 4,211.47, 원달러 환율: 1,112.3, 평가값: -20,557,832원

- 민감도리스크(규제자본 결정 상관계수 시나리오: 영향 없음)
  - 주식 델타 리스크, 금리 델타 리스크, 외환 델타 리스크로 구성
  - S&P500은 투과법 적용 대상 아님
  - 리스크군 내에서 버킷 하나에만 매핑되므로 상관계수 시나리오에 영향 없음
  (금리 델타 리스크의 경우 USD 버킷 내 3개월 만기 하나에 매핑)

주식 델타리스크	금리 델타리스크	외환 델타리스크	민감도리스크
421,597,627	2,180,487	4,497,871	428,275,986

- 부도리스크: 선물 매도로 해당사항 없음
- 잔여리스크: 주가지수 장내 선물로 해당 사항 없음
- 규제자본
  - 4.3억원(원화 액면금액 27.8억원 대비 15.4%)
  - 주식 델타 버킷(선진국 주가지수) 위험가중치 15% 수준과 유사

민감도리스크.H	민감도리스크.M	민감도리스크.L	부도리스크	잔여리스크	총합
428,275,986	428,275,986	428,275,986	0	0	428,275,986

[표 4-1]은 주가지수 선물 예시들을 비교한 것으로 신흥국 주가지수가 선진국 주가지수 대비 높은 델타 위험가중치로 인해 규제자본이 크며 매입 포지션인 경우 매도 포지션과 다르게 부도리스크가 추가적으로 발생한다는 것을 보여준다.

표 4-1 주가지수 선물 규제자본 수준 비교 (액면금액 대비)

예시	포지션	투과법	지수 경제수준	민감도리스크	부도리스크	총합
1	KOSPI200 선물 매입	적용	신흥국	24%	2%	26%
2	S&P500 Mini 선물 매도	미적용	선진국	15%	0%	15%

1.3. 주식옵션

옵션 매입 포지션은 손익 구조가 아래로 볼록(convex)한 특성으로 인해 커버쳐리스크가 없어야 하나 기초자산 지수가 투과법 적용 대상일 경우 커버쳐리스크가 산출되는 경우가 있다. 지수를 구성하는 개별종목에 대한 모노 감마(Mono Gamma)보다 음의 크로스 감마(Cross Gamma) 수준이 크게 발생될 경우 해당 지수 옵션 매입 포지션은 커버쳐리스크가 발생될 수 있으므로 주의가 필요하다.

아래 예시들은 대표적인 주가지수 장내 옵션 포지션들에 대해 규제자본을 산출한 결과이다. 실제로 옵션 매입 포지션이라 하더라도 투과법 적용 시 커버쳐리스크 규제자본이 일부 발생함을 알 수 있으나 그 수준은 옵션 매도 포지션의 커버쳐리스크 규제자본 수준 대비 작다.

(예시1) KOSPI200 장내 풋 옵션 매입, 만기: 9개월, 수량: 300, 약정단가: 270,
거래승수: 250,000, 액면금액: 202.5억원(=수량×약정단가×거래승수),
KOSPI200 종가: 422.36, 옵션 종가: 42,233,842원

- **민감도기반리스크(규제자본 결정 상관계수 시나리오: High)**
  - 주식 델타, 주식 커버쳐, 주식 베가, 금리 델타 리스크로 구성
  - 풋 옵션 매입 포지션 손익 구조는 아래로 볼록하여 제로 커버쳐가 산출되어야 하나 투과법 적용으로 커버쳐리스크 산출

델타리스크.H	베가리스크.H	커버쳐리스크.H	민감도리스크.H
201,187,396	134,668,079	440,169	336,295,644

- 부도리스크: 풋 옵션 매수로 부도리스크 없음
- 잔여리스크: 바닐라 옵션이면서 기초자산은 주식으로 잔여리스크 없음
- 규제자본: 3.36억원(Deep OTM 옵션으로 액면금액 대비 1.7% 수준으로 낮게 산출)

민감도리스크.H	민감도리스크.M	민감도리스크.L	부도리스크	잔여리스크	총합
336,295,644	321,514,089	305,466,761	0	0	336,295,644

(예시2) S&P500 장내 풋 옵션 매입, 만기: 12개월, 수량: 150, 약정단가: 3,800,
거래승수: 100, 액면금액: $57백만(=수량×약정단가×거래승수),
S & P500 종가: 4,211.47, 원달러 환율: 1,125.50, 옵션 종가: 2,894,059,171원

- 민감도리스크(규제자본 결정 상관계수 시나리오: High)
  - 주식 델타, 주식 커버쳐, 주식 베가, 금리 델타, 외환 델타 리스크로 구성
  - 풋 옵션 매입 포지션 손익 구조는 아래로 볼록하여 커버쳐리스크 없음

델타리스크.H	베가리스크.H	커버쳐리스크.H	민감도리스크.H
3,514,213,873	3,108,667,242	0	6,622,881,115

- 부도리스크: 풋 옵션 매수로 부도리스크 없음
- 잔여리스크: 바닐라 옵션이면서 기초자산은 주식으로 잔여리스크 없음
- 규제자본: 66.2억원(액면금액 대비 10.3%)

민감도리스크.H	민감도리스크.M	민감도리스크.L	부도리스크	잔여리스크	총합
6,622,881,115	6,616,242,121	6,609,586,517	0	0	6,622,881,115

(예시3) Eurostoxx50 장내 풋 옵션 매도, 만기: 50일, 수량: 500, 약정단가: 3,100,
거래승수: 10, 액면금액: €15.5백만(=수량×약정단가×거래승수),
Eurostoxx50 종가: 3,996.9, 원유로 환율: 1,357.63, 옵션 종가: -55,430,306원

- Eurostoxx50: 투과법 미적용 대상
- 민감도리스크(규제자본 결정 상관계수 시나리오: High)

- 주식 델타, 주식 커버쳐, 주식 베가, 금리 델타, 외환 델타 리스크로 구성
- 풋 옵션 매도 포지션 손익 구조는 위로 볼록하여 커버쳐리스크 있음

델타리스크.H	베가리스크.H	커버쳐리스크.H	민감도리스크.H
139,655,740	86,846,784	359,665,271	586,167,795

- **부도리스크: 풋 옵션 매도로 부도리스크는 17.6백만원**
- **잔여리스크: 바닐라 옵션이면서 기초자산은 주식으로 잔여리스크 없음**
- **규제자본: 6억원(액면금액 210억원 대비 2.9%)**

민감도리스크.H	민감도리스크.M	민감도리스크.L	부도리스크	잔여리스크	총합
586,167,795	580,065,217	574,087,061	17,645,812	0	603,813,607

[표 4-2]는 주가지수 장내 옵션 예시 3개에 대한 민감도리스크 수준을 비교한 것으로 옵션의 매입/매도 구분, 기초자산의 투과법 적용 유무, 만기, moneyness (내재가치)에 따라 상이함을 알 수 있다. 특히, 옵션 만기가 길고 moneyness가 높은 예시2 거래가 델타나 베가리스크 규제자본이 높게 나오며 매도 포지션인 예시3 거래에서 유의미한 커버쳐리스크 규제자본이 포착된다.

표 4-2   주가지수 장내 옵션 민감도리스크 규제자본 수준 비교(액면금액 대비)

예시	포지션	기초자산	투과법	만기	Moneyness	델타.H	베가.H	커버쳐.H
1	풋 옵션 매입	KOSPI200	적용	9개월	64%	0.994%	0.665%	0.002%
2	풋 옵션 매입	S&P500	미적용	12개월	90%	5.478%	4.846%	0.000%
3	풋 옵션 매도	Eurostoxx50	미적용	50일	78%	0.664%	0.413%	1.709%

[그림 4-1]은 등가격(ATM: At-the-Money) 옵션의 경우 잔존만기가 감소할수록 감마가 증가하는 것을 보여준다. 따라서 옵션 매도 포지션을 보유한 기관들의 경우 시장상황 변동으로 커버쳐리스크 규제자본 급등락을 경험할 수 있음을 알 수 있다.

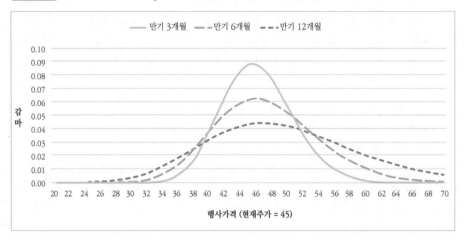

그림 4-1 잔존만기 및 Moneyness 변화에 따른 옵션 감마 변화

[표 4-3]은 주가지수 장내 옵션 예시 3개에 대한 규제자본 수준을 비교한 것으로 만기가 길고 내재가치가 높은 예시2 거래 규제자본이 10% 수준으로 가장 크다. 예시3 거래는 옵션 매도로 부도리스크가 일부 산출된다.

표 4-3 주가지수 장내 옵션 규제자본 수준 비교 (액면금액 대비)

예시	포지션	기초자산	투과법	만기	Moneyness	민감도 리스크	부도 리스크	총합
1	풋 옵션 매입	KOSPI200	적용	9개월	64%	1.7%	0.0%	1.7%
2	풋 옵션 매입	S&P500	미적용	12개월	90%	10.3%	0.0%	10.3%
3	풋 옵션 매도	Eurostoxx50	미적용	50일	78%	2.8%	0.1%	2.9%

1.4. 주식 구조화 상품

금융기관들이 보유하고 있는 대표적인 주식파생상품인 ELS가 신표준방법으로 어느 정도의 규제자본을 요구하는지 한번 알아보고자 한다.

특정 거래 민감도 수준에 따라 규제자본은 상이하며, 해당 거래를 투자가 아닌 대고객거래로 북운용을 하는 기관들의 경우 헤지 포지션까지 고려하기 때문에 북운용 데스크 기준으로는 규제자본 산출 결과가 달라질 수 있다.

투자 포지션인 경우 북운용 포지션 규제자본 외에 내재된 매도 풋 옵션으로 커버쳐리스크 규제자본이 투과법 적용 유무와 상관없이 산출될 것이다.

자본시장법상 ELS를 발행할 수 있는 금융기관은 증권사이다. 증권사는 고객 투자상품으로 ELS를 발행하며 고객이 보유하는 포지션의 정반대 시장리스크를 갖게 된다.

이러한 시장리스크를 금융시장의 다양한 거래(선물, 옵션 등)로 자체 헤지하기도 하지만 백투백 거래를 통해 다른 금융기관에게 이전하기도 한다. 백투백 거래를 할 경우 고객으로부터 지급받은 원금을 제외한 거래 형태(swap: unfunded)를 주로 하게 되는데 다음의 예시는 증권사와 백투백 거래를 체결한 원발행사 입장의 swap 포지션이다.

예시 거래는 3년 만기, 3개 기초자산으로 구성된 고객투자상품의 반대 포지션으로 원금이 제외된 스왑 형태이다. 규제자본은 민감도(델타, 베가, 커버쳐) 수준에 따라 민감도리스크가 상이할 것이며 델타 민감도 수준에 따라 부도리스크가 상이할 것이므로 측정일에 따라 변화될 수 있다.

본 예시는 특정 거래를 신규로 취급할 경우 규제자본 수준을 가늠하기 위한 직관을 갖는 데 조금이나마 도움이 될 것으로 보인다. 실제 금융기관별로 기존 보유하고 있는 포지션들에 신규 거래가 추가될 경우 상계나 분산효과 반영으로 데스크 또는 기관 규제자본 결과는 달라진다.

예시에서 HSCEI 주가지수는 시점에 따라 투과법 적용 대상 여부에 변화가 일어날 수 있으나 투과법 적용 가능성을 배제할 수 없어 보수적으로 적용하였다.

── (예시) ELS(Unfunded) 매도, **액면금액: 45억원, 기초자산 바스켓: HSCEI, 삼성전자, Eurostoxx50, 수익률결정: Worst of Basket, 배리어: 90-90-85- 85-85-80(55), 쿠폰: 5%, 결제통화: 원화, 만기: 3년, 평가값: 4.5억원**

- **■ 민감도리스크(규제자본 결정 상관계수 시나리오: High)**
  - 주식 델타, 주식 베가, 주식 커버쳐, 금리 델타, 환율 베가 리스크로 구성
  - HSCEI는 투과법 적용(∵ 특정 구성종목 시가총액 비중이 25% 초과)

- 손익 구조는 아래로 볼록하여 제로 커버쳐리스크 산출되어야 하나 투과법 적용으로 커버쳐리스크 일부 산출됨. 그러나 커버쳐리스크는 델타 및 베가 리스크 규제자본 대비 작음
- 기초자산 통화와 결제 통화가 상이한 Quanto 구조로 환율 베가 리스크 산출 대상

델타리스크.H	베가리스크.H	커버쳐리스크.H	민감도리스크.H
1,208,747,740	687,293,950	46,931,649	1,942,973,340

- 부도리스크: 없음(음의 주식 델타)
- 잔여리스크: 4.5백만원(갭 리스크 및 상관관계 리스크로 액면금액 0.1%)
- 규제자본: 19.5억원(액면금액 45억원 대비 43%)

민감도리스크.H	민감도리스크.M	민감도리스크.L	부도리스크	잔여리스크	총합
1,942,973,340	1,840,270,438	1,721,841,081	0	4,500,000	1,947,473,340

- 주식 민감도리스크

기초자산	주식 델타리스크	주식 베가리스크			주식 커버쳐리스크 (위험가중델타 반영 전)	
		0.5년	1년	3년	상향	하향
H	−2,350,626,097	129,275,828	90,476,075	98,927,494	−702,730,510	1,046,460,137
삼	−1,187,225,986	145,235,758	83,172,222	98,008,878	−135,383,232	1,625,679,943
E	−1,408,426,572	186,034,161	69,354,111	69,100,525	−155,820,751	360,508,674

- 환율 및 금리 민감도리스크

만기	환율 베가리스크		만기	금리 델타리스크		
	EURKRW	HKDKRW		EURSWAP	HKDSWAP	KRWSWAP
0.5년	−25,741	4,835,310	0.25년	66,077,025	−76,497,359	−1,043,127,320
1년	258,480	−7,688,431	0.5년	395,134,225	−182,833,368	994,953,192
3년	1,182,197	−14,804,452	1년	185,046,500	−193,823,557	601,702,938
5년	0	0	2년	−66,329,224	−168,786,847	442,298,514
10년	0	0	3년	−418,511,465	−683,187,641	1,376,440,901

2. 금리

2.1. 금리스왑

대표적인(plain) 금리스왑(또는 이자율스왑)은 변동금리 대비 고정금리를 교환하는 것으로 시장에서 고시되는 이자율스왑 금리는 이러한 변동금리 대비 교환해야 하는 고정금리 수준을 말하는 것이다. 이자율스왑 매입(매도) 포지션이라고 할 경우 고정금리 수취(지급) 포지션을 말한다.

이자율스왑은 고정금리채권과 변동금리채권으로 합성할 수 있어 이자율스왑 듀레이션은 2개 채권의 듀레이션 차이로 결정되며 부도리스크 및 잔여리스크 규제자본이 발생하지 않는다.

특정 이자율스왑 규제자본은 주요 만기별 금리에 대한 델타 민감도에 만기별 위험가중치로 곱하여 합한 값이다. 외화이자율스왑인 경우 외화로 표시되는 평가값 그 자체가 환 포지션이므로 외환 델타 리스크가 추가된다.

아래 예시 둘은 원화이자율스왑과 달러이자율스왑에 대한 규제자본 산출이다.

(예시1) 원화이자율스왑, 액면금액: 60억원, 만기: 6년, 지급 주기: 3개월,
이자: 고정(1.79%) 수취, 변동(CD91) 지급, 평가값: -0.2억원

- **민감도리스크(규제자본 결정 상관계수 시나리오: Low)**
  - 금리 델타 리스크만 있음
- **부도리스크 및 잔여리스크: 해당사항 없음**
- **규제자본**
  - 2.5억원(원화 액면금액 60억원 대비 4.2%)

민감도리스크H	민감도리스크M	민감도리스크L	부도리스크	잔여리스크	총합
248,808,202	248,956,339	249,104,389	0	0	249,104,389

— **(예시2) 달러이자율스왑, 액면금액: $20M, 만기: 3년, 지급 주기: 6개월,**
   원달러 환율: 1,112.3원, 이자: 고정(0.53%) 지급, 변동(6M Libor) 수취,
   평가값: 7.6백만원

   - 민감도리스크(규제자본 결정 상관계수 시나리오: Low)
     - 금리 델타 리스크, 외환 델타 리스크로 구성
   - 부도리스크 및 잔여리스크: 해당사항 없음
   - 규제자본
     - 4.8억원(원화 액면금액 222.5억원 대비 2.2%)

민감도리스크.H	민감도리스크.M	민감도리스크.L	부도리스크	잔여리스크	총합
479,427,578	505,827,503	530,916,085	0	0	530,916,085

[표 4-4]는 이자율스왑 규제자본 수준이 듀레이션에 비례하여 증가함을 보여준다. 단, 외화 이자율스왑 평가값 수준에 따라 환율 델타리스크 규제자본이 추가적으로 발생할 수 있으나 본 예시에서 사용된 달러이자율스왑 평가값은 액면금액 대비 3bp 수준으로 미미한 경우이다.

표 4-4   이자율스왑 규제자본 수준 비교(액면금액 대비)

예시	포지션	매입/매도	만기	민감도리스크.L	부도/잔여리스크	총합
1	원화이자율스왑	매입	6년	4.2%	0%	4.2%
2	달러이자율스왑	매입	3년	2.2%	0%	2.2%

2.2. 국채선물

국채선물 기초자산은 국채3년, 국채5년, 국채10년 세 가지가 있으며 한국거래소에서 거래가 이루어진다. 국채선물 매입 포지션은 기초자산인 국채 매입 포지션과 국채선물 잔존 만기와 동일한 만기를 갖는 국채 매도 포지션으로 합성할 수 있다.

국채에 대한 부도리스크는 감독원 재량에 의해 제외될 수 있으나 신용(비유동화) 델타 리스크는 반드시 반영하도록 바젤 기준서는 요구하고 있다. 아래 예시에서 산출된 신용(비유동화) 델타 리스크 규제자본은 금리 델타 리스크 규제자본의 30% 수준으로 적지 않다.

실제로 원화금리의 델타 위험가중치가 0.8%~1.2%인 반면 투자등급 국가 섹터에 해당되는 신용(비유동화) 델타 위험가중치는 0.5% 수준이다.

아래 국채10년선물 매입 포지션 예시를 보면 신표준방법 규제자본이 10.5% (액면금액 대비) 수준이다. 이는 구표준방법 규제자본 5.05% 대비 5.45%나 증가했음을 확인할 수 있다.

(예시) 국채10년선물 매입, 액면금액: 1억원, 만기: 1.5개월, 쿠폰: 5%, 시장가: 100,810,018원

- **민감도리스크(규제자본 결정 상관계수 시나리오: High)**
  - 금리 델타 리스크, 신용(비유동화) 델타 리스크로 구성

금리 델타리스크.H	신용(비유동화) 델타리스크.H	민감도리스크.H
8,189,715	2,352,082	10,541,797

- **부도리스크 및 잔여리스크: 해당사항 없음**
- **규제자본**
  - 10.5백만원(액면금액 1억원 대비 10.5%)

민감도리스크.H	민감도리스크.M	민감도리스크.L	부도리스크	잔여리스크	총합
10,541,797	10,434,145	10,324,375	0	0	10,541,797

2.3. 금리옵션

대표적인 금리옵션인 캡/플로어와 스왑션은 장외에서 거래되는 정형 파생상품으로 금리 내재변동성 시장정보를 산출하는 데 사용되는 거래들이다.

원화 캡/플로어 기초자산은 CD91 금리이며 원화 스왑션 기초자산은 원화이자율스왑 금리가 된다. 외화 캡/플로어 기초자산은 외화 단기 기준금리인 Libor

가 되며 외화 스왑션 기초자산은 외화이자율스왑 금리가 된다.

옵션 민감도는 만기와 moneyness에 따라 매우 상이하지만 대표적인 원화 스왑션 사례를 통해 신표준방법 기준 규제자본 수준을 알아보고자 한다. 아래 예시는 옵션 매입이기 때문에 커버쳐리스크가 발생하지 않으며 베가는 스왑만기와 옵션 만기 2차원으로 세분화하여 산출된 것을 반영한 것이다.

규제자본 수준은 액면금액 대비 매우 낮아 보이지만 평가값 대비 90% 수준이다.

(예시) 원화 풋 스왑션 매입, 옵션 만기: 5개월, 스왑 만기: 5년, 액면금액: 100억원, 행사가격: 1.15%, 기초자산: 고정 수취 및 변동 지급 스왑, 평가값: 7,512,077원(액면금액 대비 0.07%)

- **민감도리스크(규제자본 결정 상관계수 시나리오: Low)**
  - 금리 델타 리스크, 금리 베가 리스크로 구성(옵션 매입으로 금리 커버쳐리스크 없음)

델타리스크.L	베가리스크.L	커버쳐리스크.L	민감도리스크.L
36,621,462	28,418,466	0	65,039,928

- **부도리스크 및 잔여리스크: 해당사항 없음**
- **규제자본**
  - 65백만원(원화 액면금액 100억원 대비 0.65%)

민감도리스크.H	민감도리스크.M	민감도리스크.L	부도리스크	잔여리스크	총합
63,569,808	64,312,398	65,039,928	0	0	65,039,928

2.4. 금리 구조화 상품

금융기관에서 트레이딩 포지션으로 취급하는 금리 구조화 스왑 유형은 매우 다양하며 저금리 시장 상황일수록 고금리 수익을 제시할 수 있는 금리 구조화 스왑 거래는 더욱 활발하게 이루어진다. 금리 구조화 스왑 유형은 "Callable Range Accrual Swap", "Callable Spread Swap", "Callable Dual Range Accrual Swap", "Callable Steepener Swap" 등 그 이름만 들어도 일반인들에게는 다소 생소하고 다양한 형태가 있다.

금리 구조화 스왑은 높은 쿠폰을 제시하기 위해 만기를 길게 설정하며 이러한 스왑을 시장상황에 따라 조기에 청산할 수 있는 권리를 갖기 위해 일정 시점부터 상환가능한(callable) 옵션을 포함하는 것이 일반적이다. 물론, 이러한 권리는 구조화 쿠폰을 지급하는 기관에서 보유하게 된다.

이러한 금리 구조화 스왑 중에서 가장 단순한 형태인 "Callable Swap"을 예시로 들어 신표준방법으로 산출되는 규제자본 수준을 알아보고자 한다.

아래 예시에서 보여주는 거래조건을 보면 최근 1년만기 예금금리가 1% 수준인 것을 고려할 경우 고정금리 3.05%를 지급받는 것은 매우 매력적일 수 있다. 그것도 만기 20년이니 말이다. 하지만, 고정금리를 지급하는 기관은 1년 단위로 콜 옵션을 행사할 수 있는 권리를 가지고 있어 언제든지 해당 거래를 조기 종료할 수 있다.

본 거래의 평가모형은 "Hull-White One-Factor Model"로 사용된 시장정보는 원화이자율스왑 금리 커브와 원화스왑션 내재변동성 곡면이다.

평가값은 액면금액 대비 3% 수준이지만 규제자본은 액면금액 대비 29% 수준으로 적지 않다. 특히, 구조화 스왑을 조기 종료할 수 있는 옵션 관련 커버쳐리스크 규제자본이 적지 않게 산출되는 것을 알 수 있다.

— **(예시) 수의상환가능 스왑(Callable Swap), 액면금액: 100억원, 만기: 20년, 이자: 고정(3.05%) 지급, 변동(CD91+0.3%) 수취, 콜 옵션 행사 주기: 1년, 평가값: 314,107,804원**

- **민감도리스크(규제자본 결정 상관계수 시나리오: Low)**
  - 금리 델타 리스크, 금리 베가 리스크, 금리 커버쳐리스크로 구성

델타리스크.L	베가리스크.L	커버쳐리스크.L	민감도리스크.L
1,091,462,094	261,563,231	1,575,551,341	2,928,576,666

- **부도리스크: 해당사항 없음**
- **잔여리스크: 0.1억원(버뮤단 콜 옵션 내재로 액면금액의 0.1%)**
- **규제자본: 29.4억원(원화 액면금액 100억원 대비 29.4%)**

민감도리스크.H	민감도리스크.M	민감도리스크.L	부도리스크	잔여리스크	총합
2,926,282,866	2,927,430,529	2,928,576,666	0	10,000,000	2,938,576,666

- **원화 금리옵션 내재변동성에 대한 베가 민감도**
  - 평가모형 모수 추정을 위해 사용된 내재변동성 기준으로 베가를 산출한 것이며, 기관마다 모수 추정을 위해 사용하는 내재변동성에 따라 베가 산출 대상은 상이할 수 있음
  - 본 예시에서 모수 추정을 위해 캡/플로어 및 스왑션 내재변동성을 사용함

베가 (백만원)		기초자산 만기								
		3개월	1년	2년	3년	4년	5년	7년	10년	15년
옵션 만기	3개월	0	-213	-346	-141	131	-43	170	-257	-142
	6개월	0	-17	-124	-826	-332	-169	-43	-204	-132
	1년	-143	-203	-243	3	-138	-580	-196	-31	-10
	2년	-170	0	0	0	0	0	0	0	0
	3년	-68	163	241	80	315	348	-268	-68	-311
	4년	26	0	0	0	0	0	0	0	0
	5년	2	410	217	120	447	203	-284	307	138
	7년	19	-309	-604	-352	-380	-274	-1,008	-559	-447
	10년	-94	911	787	962	648	380	920	1,208	1,430

3. 통화

3.1. 현물환

구표준방법에서는 통화별로 매입포지션과 매도포지션을 구분한 후, 원화기준으로 환산한 매입포지션 총합과 매도포지션 총합 중에서 큰 값에 8%를 곱하여 규제자본을 결정한다.

신표준방법에서는 통화별 순포지션을 구한 후에 위험가중치(고유동성 통화: 10.6%, 일반 통화: 15%)를 반영하여 통화별 위험가중델타를 산출한다. 이러한 위험가중델타에 버킷(통화)간 상관계수를 적용하여 규제자본을 결정하게 된다.

여기서, 위험가중치가 상이하게 적용됨으로 인하여 금융기관들의 생각과 다

르게 현물환 포지션 규제자본 수준이 결정될 수 있다. 글로벌 시장으로 영업을 확장하는 상황에서 일반 통화에 해당하는 신흥시장 환 포지션 보유는 피할 수 없는 것이 현실이다.

실제, 달러 포지션을 헤지하기 위한 이종 통화가 일반 통화인 경우 고유동성 통화로 헤지하는 것보다 규제자본이 크게 산출될 수 있다.

(예시1)처럼 헤지 통화가 고유동성 통화인 CNY인 경우 규제자본은 12만원이지만 (예시2)처럼 헤지 통화가 일반 통화인 CNH인 경우 규제자본은 15만원으로 증가하게 된다(구표준방법 기준 규제자본은 8.8만원).

—— **(예시1) 다음과 같은 외환 포지션을 보유한 경우**(고유동성 통화: USD, CNY)

구분	매입	매도	환율	원화포지션	위험가중치	상관계수 (H)	상관계수 (M)	상관계수 (L)
USD	1,000		1,100.00	1,100,000	10.61%	75%	60%	45%
CNY		160,000	6.50	1,040,000	10.61%			

- **민감도리스크**(규제자본 결정 상관계수 시나리오: Low)
  - 외환 델타 리스크만으로 구성
- **부도리스크 및 잔여리스크**: 해당사항 없음
- **규제자본: 12만원**

민감도리스크.H	민감도리스크.M	민감도리스크.L	부도리스크	잔여리스크	총합
80,470	101,669	119,153	0	0	119,153

—— **(예시2) 다음과 같은 외환 포지션을 보유한 경우**(고유동성 통화: USD, 일반 통화: CNH)

구분	매입	매도	환율	원화포지션	위험가중치	상관계수 (H)	상관계수 (M)	상관계수 (L)
USD	1,000		1,100.00	1,100,000	10.61%	75%	60%	45%
CNH		160,000	6.50	1,040,000	15.00%			

- **민감도리스크**(규제자본 결정 상관계수 시나리오: Low)
  - 외환 델타 리스크만으로 구성

- 부도리스크 및 잔여리스크: 해당사항 없음
- 규제자본: 15만원

민감도리스크.H	민감도리스크.M	민감도리스크.L	부도리스크	잔여리스크	총합
103,185	126,915	152,931	0	0	152,931

3.2. 통화선도

통화선도는 현물환 대비 금리 델타 리스크를 추가로 반영하는 차이가 있다. 그러나, 외환포지션에 반영하는 위험가중치 15%(또는 10.61%) 대비 금리 델타 위험가중치는 1% 내외이므로 상대적으로 매우 미미하다. 결국 통화선도 규제자본 수준은 현물환 수준과 크게 다르지 않다.

아래 예시는 원달러 통화선도 규제자본이 원달러 환포지션 규제자본 10.6%보다 0.9% 증가한 11.5%로 측정됨을 보여주고 있다.

(예시) 원달러 통화선도(달러 매입, 원화 매도), 매입 금액: $10,000, 매도 금액: 11,123,000원, 만기: 7개월, 평가값: 491원, 원달러 환율: 1,112.3원

- 민감도리스크(규제자본 결정 상관계수 시나리오: Low)
  - 외환 델타 리스크 및 금리 델타 리스크로 구성
- 부도리스크 및 잔여리스크: 해당사항 없음
- 규제자본: 1.3백만원(거래금액 11.1백만원 대비 11.5%)

민감도리스크.H	민감도리스크.M	민감도리스크.L	부도리스크	잔여리스크	총합
1,242,088	1,266,096	1,284,545	0	0	1,284,545

3.3. 통화스왑

원달러 통화스왑 매입은 원화 고정금리채권 매입과 달러 변동금리채권 매도로 합성할 수 있다. 시장에서 관측되는 원달러 통화스왑 금리는 6개월 Libor 금리 대비 교환하는 원화 고정 금리 수준을 말한다.

아래 예시는 3년 만기 원달러 통화스왑에 대한 규제자본 수준이 액면금액 대비 4%임을 보여주는데 실제 스왑 듀레이션이 증가할수록 규제자본 수준은 증가하게 된다.

- (예시) 원달러 통화스왑(만기 시 달러 $10M 지급, 원화 111.2억원 수취),
  만기: 3년, 원화 수취 금리: 0.415%, 달러 지급 금리: 6M Libor,
  이자교환주기: 6개월, 평가값: 790,975원, 원달러 환율: 1,112.3원
  - 민감도리스크(규제자본 결정 상관계수 시나리오: Low)
    - 외환 델타 리스크 및 금리 델타 리스크로 구성
  - 부도리스크 및 잔여리스크: 없음
  - 규제자본
    - 4.4억원(액면금액 111.2억원 대비 4.0%)

민감도리스크.H	민감도 스크.M	민감도리스크.L	부도리스크	잔여리스크	총합
418,394,644	431,175,108	443,586,102	0	0	443,586,102

3.4. 통화옵션

옵션은 매입/매도에 따라 커버쳐리스크 발생 여부가 다르며 델타와 베가는 옵션 만기나 moneyness에 따라 달라지게 되므로 통화옵션의 규제자본 수준을 예상하기는 쉽지 않다.

원달러를 기초자산으로 하는 통화옵션 규제자본 수준은 어느 정도인지 매입과 매도로 구분하여 알아보고자 한다. 구표준방법에서 음의 감마가 발생하는 경우(즉 옵션 매도 포지션인 경우) 감마를 옵션리스크에 반영한 것과 일관되게 신표준방법에서도 옵션 매도 포지션인 경우 커버쳐리스크가 발생하게 된다.

아래 예시 둘은 단지 매입/매도 포지션만 상이한 것으로 다른 조건들(기초자산은 원달러, 풋 옵션, moneyness가 99% 수준인 등가격, 잔존만기는 3개월)은 동일하다.

— **(예시1) 원달러 풋 옵션 매도, 달러 매도 금액: $20M, 행사가격: 1,100원,**
만기: 3개월, 평가값: -192,508,322원, 원달러 환율: 1,112.3원

- **민감도리스크(규제자본 결정 상관계수 시나리오: Low)**
  - 외환 델타 리스크, 외환 베가 리스크, 외환 커버쳐리스크, 금리 델타 리스크로 구성
  - 옵션 매도 포지션으로 외환 커버쳐리스크 있음

델타리스크.L	베가리스크.L	커버쳐리스크.L	민감도리스크.L
792,208,137	297,703,294	1,162,216,666	2,252,128,096

- **부도리스크 및 잔여리스크: 해당사항 없음**
- **규제자본: 22.5억원(액면금액 222.5억원 대비 10.1%)**

민감도리스크.H	민감도리스크.M	민감도리스크.L	부도리스크	잔여리스크	총합
2,238,964,772	2,246,418,430	2,252,128,096	0	0	2,252,128,096

— **(예시2) 원달러 풋 옵션 매입, 달러 매도 금액: $20M, 행사가격: 1,100원,**
만기: 3개월, 평가값: 192,508,322원, 원달러 환율: 1,112.3원

- **민감도리스크(규제자본 결정 상관계수 시나리오: Low)**
  - 외환 델타 리스크, 외환 베가 리스크, 외환 커버쳐리스크, 금리 델타 리스크로 구성
  - 옵션 매입 포지션으로 외환 커버쳐리스크 없음

델타리스크.L	베가리스크.L	커버쳐리스크.L	민감도리스크.L
792,208,137	297,703,294	0	1,089,911,430

- **부도리스크 및 잔여리스크: 해당사항 없음**
- **규제자본: 10.9억원(액면금액 222.5억원 대비 4.9%)**

민감도리스크.H	민감도리스크.M	민감도리스크.L	부도리스크	잔여리스크	총합
1,076,748,106	1,084,201,764	1,089,911,430	0	0	1,089,911,430

[표 4-5]는 매도 포지션 규제자본이 매입 포지션 규제자본의 2배까지 증가할 수 있음을 보여준다. 물론 커버쳐리스크 규제자본은 옵션 만기가 감소할수록, 등가격 옵션일수록 커지는 특징이 있음을 고려해야 한다.

표 4-5 통화옵션 규제자본 수준 비교(액면금액 대비)

예시	포지션	매입/매도	Moneyness	만기	민감도리스크	부도/잔여리스크	총합
1	원달러 풋 옵션	매도	99%	3개월	10.1%	0%	10.1%
2	원달러 풋 옵션	매입	99%	3개월	4.9%	0%	4.9%

3.5. 통화 구조화 상품

2008년 키코(KIKO: Knock-In Knock-Out) 사태 이후 주로 거래되는 통화파생상품은 "TRF: Target Redemption Forward"로 기업들이 환 헤지를 위해 주로 거래한다. 본 상품은 동일 행사가격을 갖는 일련의 통화선도들을 모아서 하나의 거래로 체결하게 된다. 상품명처럼 기업이 목표수익(Target)을 수취하면 잔여 거래는 자동으로 소멸되는(Redemption) 선도(Forward) 거래이다.

예시에서는 월별 결제되는 12개 통화선도들로 구성된 1년 만기 달러 매입 TRF로 규제자본은 5.8%로 산출된다. 달러 매입 1년 만기 단순 통화선도 규제자본이 10% 초반인 것을 고려할 경우 상대적으로 낮은 규제자본이 산출되는 것을 알 수 있다.

이는 TRF 예상 잔존만기를 결정하는 EIV(Expiry Intrinsic Value) 수준에 의한 것이다. 즉, 해당 거래는 50원인 EIV 수익을 기업이 수취하게 되면 거래가 종료되므로 이러한 EIV가 증가할수록 TRF 예상 잔존만기는 증가하여 규제자본은 증가하게 되는 특징이 있다.

기업 수익이 EIV에 도달하면 거래가 자동 종료되는 옵션 성격을 가지고 있는 상품이지만 환율 커버쳐리스크 산출에 사용되는 위험가중치 10.6%만큼 환율이 변동되는 경우 거래가 종료되거나 통화선도와 유사한 리스크 프로파일을 갖게 되므로 커버쳐리스크는 대부분 발생하지 않게 된다,

— (예시) Target Redemption Forward(달러 매입, 원화 매도), 월 단위 결제,
월별 매입 금액: $400,000, 매도 금액: 446,520,000원, EIV: 50원,
행사가격: 1,100원, 만기: 12개월, 평가값: 888원, 원달러 환율: 1,112.3원

- 민감도리스크(규제자본 결정 상관계수 시나리오: Low)
  - 외환 델타 리스크, 외환 베가 리스크, 외환 커버쳐리스크, 금리 델타 리스크로 구성
  - 커버쳐리스크 산출 시 적용되는 환율 변동(10.61%) 시나리오에서 해당 거래는 EIV 도달로 계약이 종료되어 커버쳐리스크는 없음

델타리스크.L	베가리스크.L	커버쳐리스크.L	민감도리스크.L
229,141,706	74,895,546	0	304,037,251

- 부도리스크: 해당사항 없음
- 잔여리스크: 5,358,240원(비정형 파생상품으로 액면금액의 0.1% 부과)
- 규제자본
  - 3.1억원(액면금액 53.6억원 대비 5.8%)
  - 단순통화선도 또는 현물환이 10.6% 수준인 것을 고려할 경우 비정형 파생상품 이지만 규제자본 수준은 크지 않음

민감도리스크.H	민감도리스크.M	민감도리스크.L	부도리스크	잔여리스크	총합
300,787,170	302,614,660	304,037,251	0	5,358,240	309,395,491

4. 신용(비유동화)

4.1. 위험채권(Risky Bond 또는 Bond with Credit Risk)

바젤3 시장리스크 규제자본 산출 체계는 트레이딩 포지션에 내재되어 있는 신용리스크를 명확하게 인식하고 이에 대한 규제자본을 강도 높게 반영하도록 하는 특징이 있다. 따라서 신용리스크를 수반한 트레이딩 포지션 규제자본은 구 표준방법 대비 그 증가폭이 예상보다 크다.

다음 예시를 보면 채권 만기에 따라 듀레이션이 상이하여 다소 차이가 생길 수는 있지만 신표준방법 위험채권 규제자본은 구표준방법 위험채권 규제자본 대 비 20%p 증가하는 것을 볼 수 있다.

민감도리스크는 금리 델타 리스크와 신용(비유동화) 델타 리스크로 구성되어 있는데 신용 델타 리스크가 금리 델타 리스크 대비 3배 이상인 것을 보더라도 그 존재감을 확실히 알 수 있다. 이는 향후 트레이딩 포지션 전략 수립에서 규제자본 비용을 고려한 수익성 분석 시 반드시 고려되어야 할 부분이다.

(예시) A회사 발행 원화채권 매입, **액면금액: 100억원, 만기: 4년, 연 쿠폰: 1.97%,** **선순위 채권, 표준신용등급: BBB, 시장가: 10,100,920,000원**

- **민감도리스크(규제자본 결정 상관계수 시나리오: High)**
  - 금리 델타 리스크 및 신용(비유동화) 델타 리스크로 구성

금리 델타리스크.H	신용(비유동화) 델타리스크.H	민감도리스크.H
456,055,200	1,587,939,182	2,043,994,382

- **부도리스크:** LGD 75%, 표준신용등급 BBB(위험가중치 6%) 적용하여 4.56억원
- **잔여리스크:** 해당사항 없음
- **규제자본**
  - 25억원(액면금액 100억원 대비 25%)
  - 구표준방법 일반시장리스크(2.75%)와 개별리스크(1.6%) 합 4.35% 대비 20.65% 증가

민감도리스크.H	민감도리스크.M	민감도리스크.L	부도리스크	잔여리스크	총합
2,043,994,382	1,966,604,819	1,885,595,908	456,055,200	0	2,500,049,582

---

5. 신용(유동화: CTP 제외)

5.1. 자산유동화증권(ABS: Asset Backed Security)

신용(유동화: CTP 제외)은 신용(비유동화) 및 신용(유동화: CTP)과 다르게 동일한 투자등급이라 하더라도 선순위와 비선순위로 구분하여 버킷을 설정하고 있다.

결국 자산유동화증권 듀레이션 정보를 알고 있는 경우 듀레이션에 해당 버킷에 할당된 위험가중치(예: 선순위 투자등급인 경우 0.9%~1.4%)를 곱하여 민감도리스크 규제자본 수준을 결정할 수 있다.

물론 트렌치 위험지표인 표준신용등급, 선순위/비선순위 구분, 두께(손실시작점과 손실종료점 차이)에 따라 결정되는 부도리스크 위험가중치를 반영한 부도리스크 규제자본을 추가해야 한다.

6. 신용(유동화: CTP)

6.1. 신용 구조화 상품(e.g. Synthetic CDO)

신용(유동화: CTP)에 해당되는 합성담보부증권(Synthetic CDO)은 서브프라임 글로벌 금융위기에 존재감이 확실했던 상품이다. 본 상품은 국가 섹터에 해당되더라도 델타 위험가중치가 4%에 이른다. 이는 신용(비유동화) 국가 섹터 델타 위험가중치가 0.5%인 것을 고려할 경우 매우 강도 높은 수준이다.

본 상품의 민감도기반리스크 규제자본은 기존 위험 채권과 동일한 방법으로 측정하며 단지 적용되는 위험가중치가 신용(비유동화) 상품과 다르게 높게 부과된다는 것이다. 부도리스크 규제자본은 신용(유동화: CTP 제외) 위험가중치 설정 방법을 준용한다.

데스크별 산출

데스크별 산출

1. 채권운용데스크

원화 국채, 산금채, 회사채 등으로 구성된 채권 포트폴리오에 대한 규제자본 산출 예시를 통해 대표적인 우량채권만으로 구성된 경우 신용스프레드리스크 규제자본 수준이 어느 정도인지 알아보고자 한다. 단, 국내 채권시장에서 발행자별 금리 커브 및 신용스프레드 커브는 존재하지 않아 대표 채권유형별 신용등급 커브를 준용해서 산출하였다.

신용(비유동화) 투자등급에 해당하는 섹터들 중에서 금융 섹터 위험가중치는 무려 5%로 가장 높게 설정되어 있다. 위험가중치 의미를 다시 한번 생각해보면 글로벌 금융위기에 금융채들 신용스프레드가 규제자본 시계 10일 동안 500bp까지 변동되었다는 것을 보여준다.

예시 포트폴리오에서 보여주는 것처럼 민감도기반리스크 규제자본의 70% 수준을 신용 델타리스크 규제자본이 차지하고 있다.

━━ **(예시)** 포트폴리오: 원화채권 매입 포지션 20종목, **액면금액 총합: 3,000억원,**
만기: 8개월~23개월, 표준신용등급: A- ~ AA

	종목	발행자	액면금액(원)	만기일	잔존만기 (개월)	표준 신용등급	채권유형
1	채권01	A	10,000,000,000	2022-12-22	20	A-	회사채
2	채권02	B	10,000,000,000	2022-05-28	13	AA	금융채
3	채권03	C	10,000,000,000	2022-08-16	16	AA	금융채
4	채권04	C	10,000,000,000	2022-11-21	19	AA	금융채
5	채권05	C	10,000,000,000	2022-05-13	12	AA	금융채
6	채권06	D	20,000,000,000	2023-01-09	20	A-	금융채
7	채권07	E	20,000,000,000	2023-03-06	22	A-	금융채
8	채권08	F	10,000,000,000	2022-11-19	19	AA	금융채
9	채권09	F	10,000,000,000	2022-08-02	15	AA	금융채
10	채권10	G	10,000,000,000	2022-05-17	13	AA	회사채
11	채권11	G	10,000,000,000	2022-02-28	10	AA	회사채
12	채권12	G	10,000,000,000	2022-02-21	10	AA	회사채
13	채권13	H	10,000,000,000	2022-05-20	13	AA	금융채
14	채권14	I	10,000,000,000	2023-04-14	23	AA	지방정부채
15	채권15	J	10,000,000,000	2022-08-02	15	AA	국채
16	채권16	J	70,000,000,000	2022-10-04	17	AA	국채
17	채권17	K	10,000,000,000	2022-08-22	16	AA	금융채
18	채권18	K	30,000,000,000	2021-12-20	8	AA	금융채
19	채권19	K	10,000,000,000	2022-10-13	17	AA	금융채
20	채권20	A	10,000,000,000	2022-06-13	13	AA	회사채

- **민감도리스크(규제자본 결정 상관계수 시나리오: High)**
  - 금리 델타 리스크 및 신용(비유동화) 델타 리스크로 구성

금리 델타리스크.H	신용(비유동화) 델타리스크.H	민감도리스크.H
3,746,910,698	8,256,435,266	12,003,345,964

- ▪ 부도리스크
  - – 40.1억원(국가 및 은행연합회에서 배포하는 공공기관 분류 명세표에서 신용리스크 기준 위험가중치 0%를 적용하는 기관은 위험가중치를 0으로 반영)
- ▪ **잔여리스크: 해당사항 없음**
- ▪ **규제자본**
  - – 160억원(액면금액 3,000억원 대비 5.3%)
  - – 액면금액 대비 신용 델타 리스크 2.8%로 금리 델타 리스크 1.2%, 부도리스크 1.3%의 합보다도 높게 산출, 이는 종목들이 대부분 금융채에 해당되며 투자등급 중에서도 금융 섹터의 위험가중치가 높게 설정되어 있기 때문임

민감도리스크.H	민감도리스크.M	민감도리스크.L	부도리스크	잔여리스크	총합
12,003,345,964	11,281,730,848	10,490,993,831	4,011,350,193	0	16,014,696,157

채권 포트폴리오 규제자본 산출 시 신용(비유동화) 델타 버킷내 상관계수 적용을 위해서는 채권 포지션별로 발행자, 만기, 커브 정보가 필요하다. 발행자가 상이하면 35%, 만기가 상이하면 65%, 커브가 상이하면 99.9% 배수를 반영하여 상관계수를 지속적으로 하향 조정한다.

채권 매입 포지션만 있는 기관들은 이러한 상관계수 하향 조정이 규제자본 관점에서 오히려 유리하다. 하지만 채권 매입과 채권 매도(예를 들어, 해당 채권을 준거자산으로 하는 신용부도스왑 매입) 포지션을 모두 보유한 기관의 경우 상계 효과가 감소되는 결과를 가져온다.

2. 주식운용데스크

원화 주식 매입 포지션만으로 구성된 포트폴리오를 운용하는 데스크에 부과되는 규제자본 수준을 알아보기 위해 "6개 버킷에 분산된 원화 주식 40종목"을 예시로 설명하고자 한다. 매입 포지션만으로 구성되어 있어 상관계수 시나리오 "High"에서 민감도리스크 규제자본이 결정된다.

예시 포트폴리오에는 상장지수펀드(ETF: Exchange Traded Fund)에 해당하는 종목들이 일부 포함되어 있으며 이러한 종목들은 내부 구성 내역들에 대한 정보 입

수가 불가능하여 기타 버킷으로 구분하였다.

만약 상장지수펀드 구성 내역 정보를 구할 수 있다면 개별 종목을 각각의 버킷에 할당하여 민감도리스크 및 부도리스크를 산출할 수 있을 것이다. 따라서, 예시에서 산출된 결과는 실제보다 다소 보수적인 결과일 수 있다.

특정 ETF(예를 들어, KODEX 200, TIGER 200 등)의 경우 KOSPI200 지수와의 추적오차(12개월간 연평균 수익률 차이) 절대값이 1% 미만이라면 투과법을 적용하지 않고 지수 포지션으로 처리할 수 있다. 문제는 KOSPI200조차 투과법 적용 대상이 될 경우 이러한 방법이 무용지물이 되는 것이다.

주식 포트폴리오 델타리스크는 주식 델타리스크의 단순 합 대비 일차적으로 버킷내 상관계수에 의해 경감되며 이차적으로 버킷간 상관계수에 의해 경감된다.

실제 54%(단순 합), 39%(버킷내 상관계수 반영), 25%(버킷간 상관계수 반영) 수준으로 감소되어 처음 개별 주식 리스크요소에 부과되는 위험가중치 수준보다는 많이 줄어드는 것을 알 수 있다. 물론 구표준방법에서 8% 일반시장리스크를 부과하는 것보다 17%나 증가한 것을 알 수 있다.

부도리스크는 개별종목에 대한 표준신용등급 정보에 따른 위험가중치를 적용하여 단순 합산하면 된다.

잔여리스크 규제자본 측정 시 버킷 11(기타)에 할당된 ETF의 경우 투자약정서상 허용되는 비정형 기조자산의 최대 비중 정보 접근이 쉽지 않아 비정형 기초자산 최대 비중을 100%로 가정하여 측정하였다.

—— **(예시) 40 종목으로 구성된 주식 포트폴리오**

버킷	종목명	포지션(델타)	위험 가중치	위험가중델타	버킷별 델타 리스크 (High)	주식 리스크군 델타 리스크 (High)
1	Com01	221,007,500	55%	121,554,125		
1	Com02	159,120,000	55%	87,516,000	433,482,775	4,987,802,367
1	Com03	120,042,000	55%	66,023,100		
1	Com04	68,666,400	55%	37,766,520		

1	Com05	249,782,100	55%	137,380,155	
1	Com06	125,000,000	55%	68,750,000	
1	Com07	165,000,000	55%	90,750,000	
1	Com08	105,000,000	55%	57,750,000	
2	Com09	421,865,000	60%	253,119,000	
2	Com10	109,800,000	60%	65,880,000	
2	Com11	443,520,000	60%	266,112,000	
2	Com12	609,352,500	60%	365,611,500	945,261,155
2	Com13	732,075,000	60%	439,245,000	
2	Com14	157,700,000	60%	94,620,000	
2	Com15	227,260,000	60%	136,356,000	
3	Com16	188,190,000	45%	84,685,500	
3	Com17	1,587,200,000	45%	714,240,000	
3	Com18	325,420,000	45%	146,439,000	
3	Com19	673,400,000	45%	303,030,000	
3	Com20	4,001,650,000	45%	1,800,742,500	
3	Com21	256,550,000	45%	115,447,500	
3	Com22	418,560,000	45%	188,352,000	
3	Com23	566,535,000	45%	254,940,750	
3	Com24	211,830,000	45%	95,323,500	2,739,296,188
3	Com25	198,660,000	45%	89,397,000	
3	Com26	267,720,000	45%	120,474,000	
3	Com27	503,280,000	45%	226,476,000	
3	Com28	330,750,000	45%	148,837,500	
3	Com29	191,254,000	45%	86,064,300	
3	Com30	185,885,000	45%	83,648,250	
3	Com31	514,560,000	45%	231,552,000	
4	Com32	254,620,000	55%	140,041,000	444,384,529

4	Com33	447,370,000	55%	246,053,500		
4	Com34	470,420,000	55%	258,731,000		
9	Com35	125,700,000	70%	87,990,000	87,990,000	
11	Com36(ETF)	211,920,000	70%	148,344,000		
11	Com37(ETF)	507,540,000	70%	355,278,000		
11	Com38(ETF)	575,739,000	70%	403,017,300	3,055,678,850	
11	Com39(ETF)	1,721,406,500	70%	1,204,984,550		
11	Com40(ETF)	1,348,650,000	70%	944,055,000		
	총합	20,000,000,000		10,766,577,550	7,706,093,497	4,987,802,367

- 민감도리스크: 주식 델타 리스크로만 구성(규제자본 결정 상관계수 시나리오: High)
- 부도리스크: 16.8억원
- 잔여리스크: 0.4억원
- 규제자본
  - 67억원(포지션 총합 대비 33.5%)
  - 구표준방법 16% 대비 17.5% 증가

민감도리스크.H	민감도리스크.M	민감도리스크.L	부도리스크	잔여리스크	총합
4,987,802,367	4,783,176,518	4,573,653,731	1,674,458,289	41,533,355	6,699,890,394

3. 외환딜링데스크

현물환 포지션 포트폴리오의 경우 규제자본 수준은 매입/매도 포지션의 비중, 고유동성/일반 통화의 비중, 상관계수 시나리오에 따라 다소 상이할 수 있다.

바젤3은 신표준방법 대안으로 간편법을 제시하고 있는데 간편법 규제자본은 구표준방법 대비 금리 1.3배, 주식 3.5배, 상품 1.9배, 환율 1.2배를 적용하도록 되어 있다. 배수 수준을 보면 환율 리스크군이 가장 낮다. 이는 간접적으로 신표준방법 환율 리스크군 규제자본이 구표준방법 환율 리스크군 규제자본 대비 증가폭이 크지 않다는 것을 시사한다.

아래 예시는 매입/매도 포지션이 혼재되어 있는 환포지션 포트폴리오로 민감도기반리스크 규제자본은 Low 상관계수 시나리오에서 결정된다. 최종 규제자본은 구표준방법 규제자본 대비 1.1배로 증가하여 간편법 배수 1.2배와 큰 차이가 나지 않는다.

—— (예시) 4개 통화 환 포지션으로 구성된 포트폴리오

통화	구분	RW	매입 포지션	매도 포지션	순매입 포지션	순매도 포지션	환율 (통화 대비 원화)
미국달러(USD)	고유동성	10.61%	101,000	90,000	11,000	0	1,112
일본엔(JPY)	고유동성	10.61%	90,000	100,000	0	10,000	10
홍콩달러(HKD)	고유동성	10.61%	100,000	80,000	20,000	0	143
싱가폴(SGD)	고유동성	10.61%	80,000	100,000	0	20,000	838

- 민감도리스크: 외환 델타 리스크(규제자본 결정 상관계수 시나리오: Low)
- 부도리스크 및 잔여리스크: 해당사항 없음
- 규제자본
  - 148만원(구표준방법 135만원 대비 13만원 증가)

민감도리스크.H	민감도리스크.M	민감도리스크.L	부도리스크	잔여리스크	총합
1,122,606	1,412,547	1,476,161	0	0	1,476,161

4. 주식파생데스크

금융기관에 따라 주식파생데스크에서 운용하는 상품들은 단순한 주식옵션부터 ELS 자체 헤지를 하는 수준까지 다양할 것이다. 그중에서도 가장 난이도가 높은 ELS 자체 헤지 데스크에 신표준방법 산출 체계를 적용할 경우 어느 수준의 규제자본이 산출되는지 답을 아는 사람은 많지 않을 것이다.

대표적인 금융투자상품 ELS 자체 헤지를 하는 주식파생데스크는 다양한 포지션을 담고 있어 리스크를 분석하거나 규제자본을 산출하는 것이 결코 용이하지 않다.

10년 전만 하더라도 ELS 기초자산은 국내 주식시장으로 제한되어 있어 환리스크나 콴토(Quanto: 기초자산 통화와 결제 통화가 상이한 파생상품) 리스크는 고려대상이 아니었다. 그러나 10년이라는 세월의 흐름과 함께 ELS 기초자산은 KOSPI200, S&P500, Eurostoxx50, HSCEI, NIKKEI225 등 글로벌 대표적인 주가지수가 주를 이루고 있다.

서로 다른 통화로 거래되며 주가지수 관련 장내 파생상품을 거래할 수 있는 거래소 운영시간조차 상이하여 이를 기초자산으로 하는 ELS 자체 헤지 데스크는 시장리스크 종합 선물 세트가 되어 버렸다.

예를 들어, K-S-E(KOSPI200, S&P500, Eurostoxx50) 연계 달러 ELS를 자체 헤지하는 데스크가 취급하는 트레이딩 포지션이 어떤 것이 있는지 알아보자.

고객에게 ELS를 파는 금융기관은 고객이 보유한 시장리스크의 정반대 포지션을 갖게 되는 것이며 이러한 리스크를 헤지하는 것은 결국 ELS 상품 리스크를 금융시장 상품들(지수선물, 지수옵션 등)로 합성하는 것을 말한다. 이러한 과정에서 다양한 트레이딩 포지션들이 발생하게 된다.

헤지 포지션으로는 주식 리스크 헤지를 위한 주가지수 선물 및 옵션, 환 리스크 헤지를 위한 선물환, 금리 리스크 헤지를 위한 이자율스왑, 콴토 리스크 헤지를 위한 통화옵션 등이 있다. 결국 주식파생데스크이지만 보유한 리스크는 주식, 금리, 환율 모두 포함된다

만약 고객으로부터 원금을 수취하는 funded ELS 포지션 북운용을 한다면, 원금을 투자하는 채권으로 인해 신용스프레드 리스크까지 포함될 수 있다. 그러나 금융기관에 따라 자금운용을 별도의 부서에서 수행하는 경우도 있어 본 예시에서는 포함되어 있지 않다.

특히, 투과법 적용 대상 주가지수 연계 ELS 자체 헤지 데스크의 경우 시장리스크 규제자본 산출은 시스템 개발 및 산출 결과의 적정성 점검 등 쉬운 일이 없다.

복잡한 파생상품데스크를 보유한 국내 금융기관들이 직면한 신표준방법 적용 관련 이슈들은 글로벌 기준서를 작성한 BCBS 입장에서는 고민거리가 아니었을 것이라고 추측해 본다. 왜냐하면, 투과법 적용 대상이 되는 주가지수는 자산편중리스크가 높은 HSCEI, KOSPI200과 같은 신흥국 지수이지 S&P500,

Eurostoxx50, NIKKEI225와 같은 선진국 주가지수가 아니기 때문이다.

ELS 평가 시 로컬변동성곡면(Local Volatility Surface)까지 적용할 경우 커버쳐 계산도 하나의 도전이 될 수 있다. 주가지수 위험가중치는 15~25% 수준으로 커버쳐리스크 산출에 적용되는 변동폭이 크지 않지만 투과법 적용으로 개별종목 위험가중치를 적용할 경우 로컬변동성곡면 생성에서 오류가 발생할 수 있어 주의가 필요하다.

[표 5-1]은 주식파생데스크 규제자본 측정 결과로 간략히 설명하면 다음과 같다.

고객 판매 ELS 포지션 1조원을 자체 헤지하는 주식파생데스크 규제자본은 474억원 수준으로 측정하는 시점 및 헤지 비율에 따라 규제자본 수준은 상이할 수 있다.

데스크에서 취급하는 거래 유형에는 콴토 리스크 헤지를 위한 통화옵션, 환리스크를 헤지하기 위한 선물환, 개별주식 연계 ELS 델타 헤지를 위한 주식현물, 주가지수 연계 ELS 델타, 베가, 감마 헤지를 위한 주식선물 및 주식옵션, 금리리스크 헤지를 위한 이자율스왑 포지션이 있다.

부도리스크는 주식 포지션으로 인해 일부 발생하며 ELS손익구조 특수성(갭 리스크 및 상관관계 리스크)으로 인해 잔여리스크가 발생한다.

상품별 규제자본 산출 결과를 보면 ELS 보다도 헤지 포지션인 주식옵션에서 높은 규제자본이 산출되는 것을 볼 수 있다. 특히, 주식옵션에서 커버쳐리스크가 높게 나타나지만 데스크 전체로 보았을 때 ELS와 상계되어 예상보다 크지 않다.

표 5-1 주식파생데스크 규제자본(예시) (단위: 천만원)

구분	시나리오	전체	FX 옵션	선물환	현물환	ELS Note	ELS Swap	ELS Swap (Lizard)	주식 현물	주식 선물	주식 옵션	이자율 스왑
델타	H	1,386	277	87	3,336	901	8,698	3,349	1,295	2,565	18,966	897
	M	1,512	345	87	3,352	899	7,980	3,086	1,270	2,469	17,531	885
	L	1,604	400	85	3,370	897	7,184	2,796	1,245	2,370	15,939	876
베가	H	1,860	405	0	0	80	5,946	1,640	0	0	6,049	0
	M	2,061	391	0	0	80	5,466	1,515	0	0	5,596	0
	L	2,244	375	0	0	80	4,939	1,377	0	0	5,104	0

커버쳐	H	467	0	0	0	190	0	0	0	0	5,655	0
	M	451	0	0	0	190	0	0	0	0	5,267	0
	L	535	0	0	0	190	0	0	0	0	4,848	0
민감도 리스크	H	3,713	682	87	3,336	1,171	14,647	4,990	1,295	2,565	30,670	897
	M	4,027	734	87	3,352	1,167	13,445	4,601	1,270	2,469	28,394	885
	L	4,383	776	85	3,370	1,164	12,123	4,173	1,245	2,370	25,889	876
	Max	4,383	776	87	3,370	1,171	14,647	4,990	1,295	2,565	30,670	897
부도리스크		256	0	0	0	0	0	0	279	7	3,903	0
잔여리스크		97	0	0	0	0	77	20	0	0	0	0
총합		4,736	776	87	3,370	1,171	14,724	5,010	1,574	2,571	34,573	897

[표 5-2]는 주식파생데스크 포트폴리오를 구성하는 거래 유형별 민감도기반 리스크 산출 대상을 정리한 것이다. 실거래들의 정보를 구체적으로 나열하지 않아 이해하는 데 다소 의구심이 생길 수 있는 부분을 몇 가지 소개하면 다음과 같다.

- ELS에서 외환 델타는 결제통화가 원화가 아닌 경우 발생(예: 달러 ELS, 엔화 ELS 등)
- ELS에서 외환 베가는 콴토리스크로 인해 발생(예: S&P500 기초자산 연계 원화 ELS)
- 주식옵션에서 외환 델타는 해외 주식옵션으로 인해 발생(예: S&P500 장내 지수 옵션)
- 레포 금리 민감도는 예시 포트폴리오 분석에서 제로로 가정하여 발생하지 않음
- 주식현물은 국내 주식으로 제한되어 있어 외환 델타가 발생하지 않음

표 5-2 주식파생데스크 거래유형별 민감도 산출 대상(예시)

거래 유형	금리			주식			외환		
	델타	베가	커버쳐	델타	베가	커버쳐	델타	베가	커버쳐
FX 옵션	O						O	O	O
선물환	O						O		
현물환							O		
ELS Note	O			O	O	O	O	O	
ELS Swap	O			O	O	O	O	O	
ELS Swap (Lizard)	O			O	O	O	O	O	
주식현물				O					
주식선물	O			O			O		
주식옵션	O			O	O	O	O		
이자율스왑	O						O		

5. 통화파생데스크

통화파생데스크에서 다루는 금융상품은 현물환, 선물환, 통화스왑, 바닐라 통화옵션, 이색 통화옵션 등 다양하다. 그중에서도 기업들의 대표적인 환 헤지 상품인 TRF(Target Redemption Forward)는 지속적으로 거래가 이루어지고 있다. 특히, 2008년 KIKO 사태 이후 레버리지가 없는 통화파생상품이 시장 주요 상품으로 자리잡고 있다.

본 책에서는 TRF 1조원을 자체 헤지하는 통화파생데스크를 예시로 하여 규제자본 수준을 산출해 보고자 한다. 포트폴리오는 현물환, 선물환, 통화스왑, 통화옵션(TRF, 바닐라 옵션 등)으로 구성되어 있다.

본 예시에서 사용한 포트폴리오 안에는 옵션 매도 포지션이 있지만 TRF 거래에서 발생된 옵션 straddle 매입 포지션으로(수출업체와 수입업체 거래의 비중이 유사한 경우 발생) 상계되는 특징이 있다. 이로 인하여 커버쳐리스크가 발생되지 않고 있다.

데스크 포지션 상황에 따라 커버쳐리스크는 언제든지 발생할 수 있으며 규제자본은 이에 따라 증가될 수 있다. 결국 옵션데스크는 옵션 매도 포지션의 규모에 따라 커버쳐리스크 변동이 확대될 수 있으며 이로 인해 규제자본 변동이 일어날 수 있다.

TRF 북운용 손익이 거래규모 1조원에서 수십 억원 이상인 것을 고려할 경우, 40억원 규제자본 수준은 크지 않은 것으로 보인다. 물론 북운용에서 적절한 헤지가 이루어지지 않아 시장리스크에 노출된 익스포져가 과도한 경우 해당 데스크의 규제자본은 증가할 소지가 있다.

[표 5-3]은 통화파생데스크 규제자본 결과로 주요 시사점은 다음과 같다.
- 민감도는 금리 델타, 외환 델타, 외환 베가, 외환 커버쳐로 구성
- 규제자본은 민감도기반리스크 28억, 잔여리스크 12억으로 구성
- 옵션 매도 포지션이 있어도 데스크 수준에서 커버쳐리스크 발생하지 않을 수 있음

표 5-3 통화파생데스크 규제자본(예시)   (단위: 천만원)

구분	시나리오	전체	현물환	선물환	통화스왑	통화옵션 (장외)
델타	H	113	744	1,840	119	2,372
	M	118	790	1,796	119	2,389
	L	121	834	1,773	120	2,402
베가	H	166	0	0	0	166
	M	160	0	0	0	160
	L	153	0	0	0	153
커버쳐	H	0	0	0	0	0
	M	0	0	0	0	0
	L	0	0	0	0	0
민감도 리스크	H	278	744	1,840	119	2,538
	M	277	790	1,796	119	2,548
	L	274	834	1,773	120	2,555
	Max	278	834	1,840	120	2,555
부도리스크		0	0	0	0	0
잔여리스크		120	0	0	0	120
총합		398	834	1,840	120	2,675

6. 금리파생데스크

금리파생데스크에서 다루는 금융상품은 단순한 이자율스왑, 통화스왑, 캡/플로어, 스왑션, 채권선물 수준에서 구조화 스왑까지 다양하다.

본 예시의 금리파생데스크는 구조화 스왑 1천억원을 자체 헤지 하는 경우로 구조화 스왑 헤지 거래 외에 이자율스왑, 통화스왑, 채권선물, 현물환, 선물환, 이자율옵션 포지션 등이 소소하게 있는 상황이다.

[표 5-4]는 금리파생데스크 규제자본 결과로 주요 시사점은 다음과 같다.

- 민감도는 금리 델타, 금리 베가, 금리 커버쳐, 외환 델타로 구성
- 민감도리스크 중에서 커버쳐리스크가 차지하는 비중이 매우 높음
- 채권선물은 국채선물만으로 구성되어 있어 부도리스크는 해당사항 없음
- 규제자본은 148억원으로 민감도리스크와 잔여리스크(구조화스왑 포지션 대비 0.1%)로 구성

• 거래규모 1천억원에서 수십 억원의 손익을 고려할 경우, 148억원 규제자본은 적지 않아 구조화스왑 북운용 시 커버처리스크 관리가 매우 중요함

표 5-4 금리파생데스크 규제자본(예시)   (단위: 천만원)

구분	시나리오	전체	현물환	선물환	채권 선물	금리옵션	구조화 상품	스왑
델타	H	213	58	61	574	60	845	10
	M	322	58	62	538	65	851	10
	L	402	58	63	500	70	857	10
베가	H	208	0	0	0	411	203	0
	M	204	0	0	0	408	204	0
	L	199	0	0	0	405	206	0
커버처	H	873	0	0	0	537	1,199	0
	M	873	0	0	0	537	1,199	0
	L	873	0	0	0	537	1,199	0
민감도 리스크	H	1,294	58	61	574	1,008	2,247	10
	M	1,399	58	62	538	1,010	2,254	10
	L	1,474	58	63	500	1,011	2,262	10
	Max	1,474	58	63	574	1,011	2,262	10
부도리스크		0	0	0	0	0	0	0
잔여리스크		10	0	0	0	0	10	0
총합		1,484	58	63	574	1,011	2,272	10

기관별 산출

기관별 산출

금융기관별 트레이딩 포트폴리오 구성은 매우 상이할 것이다. 실제 유가증권 포지션에 집중된 경우, 다양한 환포지션을 보유한 경우, 유형별 파생데스크를 공격적으로 운용하는 경우 등 그 사례를 모두 나열하는 것은 쉽지 않다.

본 예시에서는 유가증권, 외환, 파생상품으로 구성된 트레이딩 포트폴리오에 대한 신표준방법 규제자본 산출 결과를 알아보고자 한다.

[표 6-1]에서 보여주듯이 유가증권은 채권과 주식, 외환은 현물환과 선물환, 금리 파생은 채권선물, 이자율스왑, 스왑션, 구조화 스왑, 통화 파생은 통화스왑, 통화옵션, Target Redemption Forward, 통화 배리어 옵션, 주식 파생은 주식선물, 주식옵션, ELS로 구성된다.

[표 6-1]은 예시 포트폴리오에 대한 규제자본 산출 결과로 주요 시사점은 다음과 같다.

① 규제자본은 민감도리스크 90%, 부도리스크 9%, 잔여리스크 1% 비중으로 구성
② 민감도리스크는 델타 86%, 커버쳐 8%, 베가 6%로 구성
③ 옵션 매도 포지션의 커버쳐리스크 규제자본이 일부 산출되나 예상보다 크지 않음
④ 부도리스크는 유가증권 및 유가증권에 대한 매입 파생상품 포지션이 증가할수록 증가
⑤ 잔여리스크는 비정형 파생상품 자체 헤지 규모를 파악할 수 있는 지표임
⑥ 포지션잔액 300조원에 대한 규제자본은 0.22조원(포지션잔액 대비 0.07%) 수준

다음으로, 상품별 포지션잔액 대비 규제자본 비율을 살펴보면 다음과 같다.

① 주식 포지션이 분산되어 있지 않은 경우 65% 수준까지 산출될 수 있음
② 현물환 포지션잔액 산출에서 매입/매도 상계 처리했기 때문에 상대적으로 높아 보임
③ 일부 비선형 파생상품은 20% 내외(구조화 스왑 22.5%, ELS 18.1%)

실제, 예시 포트폴리오에 대한 규제자본 산출을 위해서는 다단계의 산출을 해야 하며 그 과정에서 나오는 중간 산출물이 무수히 많아 산출 결과의 정합성 검증이 쉽지 않다. 구표준방법이 사칙연산으로 해결되는 초등학교 산수라면 신표준방법은 미적분으로 해결되는 고등수학으로 느껴진다.

기관별 산출 예시 내용은 신표준방법 규제자본 수준의 적정성을 판단하는 데 조금이나마 벤치마크가 될 수 있는 바람으로 작성한 것이지 특정 기관의 트레이딩 포트폴리오 규제자본 산출 단계를 투명하게 본 책에 다 담고자 하는 의도는 아니다.

표 6-1 기관 규제자본 예시(규제자본 결정 상관계수 시나리오: High)   (단위: 억원)

상품 분류 (1)	상품분류 (2)	포지션 잔액(A)	민감도 델타	민감도 베가	민감도 커버쳐	민감도 리스크	부도 리스크	잔여 리스크	규제 자본 (B)	비율 (B/A)
유가 증권	국채	4,949	193	0	0	193	0	0	193	3.90%
	국채 제외 채권	7,874	368	0	0	368	195	0	563	7.15%
	주식	156	78	0	0	78	23	0	101	65.05%
환	현물환	2,845	1,753	0	0	1,753	0	0	1,753	61.62%
	선물환	872,778	16,577	0	0	16,577	0	0	16,577	1.90%
금리 파생	채권선물	166	7	0	0	7	0	0	7	4.02%
	이자율스왑	1,114,186	2,364	0	0	2,364	0	0	2,364	0.21%
	스왑션	2,383	5	34	45	84	0	0	84	3.54%
	구조화스왑	836	70	17	100	187	0	1	188	22.50%
통화 파생	통화스왑	753,451	16,361	0	0	16,361	0	0	16,361	2.17%
	통화바닐라옵션	4,329	59	54	172	284	0	0	284	6.57%
	통화배리어옵션	669	1	2	0	3	0	2	4	0.63%
	TRF	9,059	263	80	0	344	0	8	352	3.89%

주식파생	주식선물	2,078	94	0	0	94	0	0	94	4.51%
	주식옵션	220,169	693	221	207	1,120	143	0	1,263	0.57%
	ELS	4,071	453	279	0	732	0	3	736	18.07%
총합		3,000,000	1,714	116	162	1,992	196	14	2,202	0.07%

[표 6-2]는 상품 유형별 규제자본 구성 내역으로 실제 규제자본 산출 시 누락하지 말고 반드시 포함되어야 할 리스크를 정리하면 다음과 같다.

① 유가증권: 해외 포지션까지 고려할 경우 외환 델타리스크
② 주식 중 투과법을 적용하지 못하는 펀드지분투자: 잔여리스크
③ 채권(국채를 포함): 신용(비유동화) 델타리스크
④ 퀀토 옵션: 외환 베가리스크(e.g. S&P500 연계 원화 결제 ELS)

표 6-2 상품 유형별 규제자본 구성 내역

상품분류1	상품분류2	민감도기반리스크												잔여리스크	부도리스크
		금리			신용(비유동화)			주식			외환				
		델	베	커	델	베	커	델	베	커	델	베	커		
유가증권	국채	√			√						√				
	국채 제외 채권	√			√						√				√
	주식							√			√			√	√
환	현물환										√				
	선물환	√									√				
금리파생	채권선물	√			√										
	이자율스왑	√									√				
	캡/플로어	√	√	√											
	스왑션	√	√	√											
	구조화스왑	√	√	√							√			√	
통화파생	통화스왑	√									√				
	통화바닐라옵션	√									√	√	√		
	통화배리어옵션	√									√	√	√	√	
	TRF	√									√	√	√	√	
주식파생	주식선물	√						√			√				√
	주식옵션	√						√	√		√				√
	ELS	√						√	√	√	√	√		√	√

구표준방법 vs. 신표준방법

구표준방법 vs. 신표준방법

본 장에서는 신표준방법에 새로 도입된 개념인 버킷, 상관계수 시나리오, 투과법, 커버쳐, 부도리스크, 유동성 기준 통화 분류 등을 상세히 알아보고 기존 구표준방법과의 차이를 알아보고자 한다.

1. 버킷(Bucket) 도입

버킷이란 시장리스크 신표준방법에서 처음으로 도입된 개념으로 유사한 특성을 갖는 리스크요소의 그룹으로 정의한다. 신용리스크 소매 모형에서 pool 개념을 사용하는 것과 유사하다. 버킷은 크게 민감도기반리스크 규제자본 산출 시 필요한 리스크군별 버킷과 부도리스크 규제자본 산출 시 필요한 리스크군별 버킷이 있다.

첫째, 민감도기반리스크 규제자본에서는 금리나 외환은 통화, 신용은 신용도와 섹터, 주식은 시가총액·경제수준·섹터 기준으로 버킷을 구분한다.

신표준방법 산출이 어려운 이유 중에 하나는 지정된 버킷에 해당 거래 민감도를 매핑하는 것이 다소 부담스러운 작업이기 때문이다. 어떤 버킷으로 매핑하는지 결정하기 위해 관리해야 하는 정보가 결코 적지 않다.

예를 들어, 개별주식 포지션의 경우 구표준방법에서는 포지션 금액에 8% 적용하여 일반시장리스크를 산출하지만 신표준방법에서는 해당 주식이 어떤 버킷에 매핑되는지 결정하기 위해 시가총액, 선진국 신흥국 구분, 섹터를 추가로 입수해야 한다. 해외 주식으로 대상이 확대되는 경우 입수해야 하는 정보는 더욱 부담스러운 것이 현실이다.

신표준방법이 리스크군 간 상관관계를 반영하지 않는 것은 구표준방법과 동일하지만 리스크군 내에서 버킷간 상관관계, 버킷내 상관관계를 적용하는 것은 구표준방법과 상이하게 새로이 도입된 개념이다.

버킷간 상관계수는 델타와 베가는 동일하며 커버쳐는 델타 상관계수 제곱을 적용한다. 특정 리스크군은 버킷에 상관없이 동일한 상관계수(금리 50%, 상품 20%, 외환 60%)를 적용하지만 그 외의 리스크군(주식 또는 신용)은 버킷에 따라 상이한 상관계수를 적용한다.

버킷내 상관계수는 델타와 베가가 상이하며 커버쳐는 델타 상관계수 제곱을 적용한다. 베가 상관계수는 옵션 만기 기준 상관계수와 기초자산 델타(금리의 경우 만기)에 적용되는 상관계수의 곱으로 결정된다. 버킷이 곧 리스크요소인 외환을 제외한 리스크군들의 델타 상관계수는 리스크군 특성에 따라 상이하게 설정된다. 금리는 만기·커브, 신용은 발행자·만기·커브, 상품을 유형·만기·인도지역, 주식은 버킷별 상수로 지정한다.

둘째, 부도리스크 규제자본에서는 비유동화, 유동화(CTP 제외), 유동화(CTP) 세 개의 리스크군별 버킷 설정 기준이 상이하다.

비유동화는 기업, 국가, 지방정부와 지방자치단체 3개로 버킷을 구분하며 유동화(CTP 제외)는 일반기업, 기타(자산군 11개, 지역 4개 두 차원으로 구분되는 44개) 총 45개 버킷으로 구분한다. 유동화(CTP)는 CTP 지수 기준으로 버킷을 구분한다.

부도리스크 규제자본에서 버킷간 상관관계 반영이나 상계는 불가능하다. 단지 버킷 내 순JTD 계산 시 특정 조건을 만족하는 경우 상쇄가 가능한 특징이 있다.

[표 7-1]은 민감도기반리스크와 부도리스크 각각의 규제자본 산출에서 리스크군별 버킷 설정 기준과 버킷 기준으로 산출방법의 차이가 어떤 것인지 정리한 결과이다.

표 7-1 버킷(민감도기반리스크 vs. 부도리스크)

구분	민감도기반리스크		부도리스크	
리스크군	7개: 금리, 신용(비유동화), 신용(유동화: CTP 제외), 신용(유동화: CTP), 주식, 상품, 외환		3개: 비유동화, 유동화(CTP 제외), 유동화(CTP)	
리스크군, 버킷	금리	N개: 통화	비유동화	3개 : 기업, 국가, 지방자치단체
	신용(비유동화)	18개: 신용도, 섹터		
	신용(유동화: CTP 제외)	25개: 신용도, 섹터	유동화 (CTP 제외)	45개 : 일반기업, 기타(자산군 11개, 지역 4개 두 차원 으로 구분되는 44개)
	신용(유동화: CTP)	16개: 신용도, 섹터		
	주식	13개: 시가총액· 경제수준· 섹터		
	상품	11개: 유형	유동화 (CTP)	N개 : 지수
	외환	N개: 통화		
버킷간 상관관계	버킷간 상관계수(H, M, L)로 반영		버킷간 상관관계 반영 없으며 상계도 불가능	
버킷내 상관관계	버킷내 상관계수(H, M, L)로 반영		버킷내 순JTD 계산 시 리스크군별 특정 조건 만족 시 상계 가능	

2. 상관계수 시나리오

신표준방법은 버킷간 상관계수 및 버킷내 상관계수 시나리오를 High, Medium, Low 3개로 적용해서 이 중 가장 큰 규제자본을 최종값으로 사용하게 한다. 위험 가중치는 고정으로 사용하지만 시장상황에 따라 상관계수가 변동되는 특성을 반영하기 위한 것이다.

포트폴리오에 매입/매도 포지션이 혼재되어 있는 경우 Low 상관계수 시나리오를 적용하는 것이 High 상관계수 시나리오를 적용하는 것보다 상계 효과 반영 비율이 감소되어 규제자본이 보수적으로 산출된다. 물론, 동일 방향 포지션만으로 구성된 포트폴리오(예를 들어, 주식 매입만으로 구성, 채권 매입만으로 구성)은 High 상관계수 시나리오에서 규제자본이 결정된다.

[표 7-2]는 Medium 상관계수 수준에 따른 Low 및 High 상관계수 수준을 보여준다. Medium 상관계수 80% 절대수준까지 상관계수 시나리오 차이로 인한 갭은 증가하다가 이후 점진적으로 감소한다.

표 7-2 상관계수 수준별 시나리오 비교

Medium	10%	20%	30%	40%	50%	60%	70%	80%	90%	100%
Low	7.5%	15.0%	22.5%	30.0%	37.5%	45.0%	52.5%	60.0%	80.0%	100.0%
High	12.5%	25.0%	37.5%	50.0%	62.5%	75.0%	87.5%	100.0%	100.0%	100.0%

* Low = Max(0.75*Medium, 2*Medium−1), High = Min(1, 1.25*Medium)

3. 투과법(LTA, 기초자산접근법)

바젤3 시장리스크 규제자본 도입 배경 중의 하나는 글로벌 금융위기에 발견된 시장리스크와 신용리스크 규제자본 간 차익거래를 방지하기 위한 것이다. 그러한 맥락에서 집합투자증권에 대한 신용위험가중자산 산출 방법에서 이미 사용 중인 기초자산접근법(투과법)이 시장리스크 규제자본 산출 체계에도 도입되었다.

바젤3 기준 집합투자증권 신용위험가중자산 산출 방법은 크게 세 가지로 구분된다.

첫째, 기초자산접근법(LTA: Look-Through-Approach)은 집합투자증권의 구성 내역을 실제 보유한 것으로 인지하여 산출하는 것이다.

둘째, 약정서기반접근법(MBA: Mandate-Based-Approach)은 기초자산 중 가장 높은 위험가중치를 적용받는 자산부터 최대한 편입한 것으로 가정하며 기초자산접근법보다 작지 않아야 한다.

셋째, 자본차감법(FBA: Fall-Back-Approach)은 1250% 위험가중치를 적용하는 것이다.

이슈는 투과법 적용 대상이 집합투자증권만이 아닌 자산편중리스크(기초자산이 20개 미만, 또는 개별 기초자산 비중이 지수 전체의 25% 이상, 또는 상위 10% 기초자산 비중 합계가 지수 전체의 60% 이상 등)를 갖는 지수까지 확대 적용되는 것이며 이를 기초자산으로 하는 파생상품도 포함되는 것이다.

KOSPI200은 삼성전자 시가총액 비중이 25%를 초과하여 일정기간 거래되었으며 이러한 상황을 고려할 경우 투과법 적용 대상이 된다. 이로 인해 KOSPI200 연계 파생상품(선물, 옵션, ELS 등) 시장리스크 규제자본 산출 부담이 크다. 특히, 로컬 변동성 곡면을 적용하여 ELS 평가를 수행하는 경우 델타 및 커버쳐 산출 부담은 더욱 커진다.

부도리스크 산출 대상이 되는 지수 관련 포지션(지수선물 매입, 지수 콜 옵션 매입, 지수 풋 옵션 매도 등)의 경우 지수 구성 개별 종목으로 분해하여 부도리스크 JTD를 계산해야 하는 어려움이 있다.

투과법은 보험사 신지급여력제도(K-ICS: Korea Insurance Capital Standard)에서 기타 주식(수익증권 등) 시장리스크 산출 방법으로 사용되고 있을 정도로 보편화된 방법이기도 하여 바젤3 시장리스크 규제 체계에 도입된 것은 전혀 낯설지 않다.

참고로 다음의 조건들을 모두 만족하면 투과법을 적용하지 않을 수 있다. 다시 말하면, [표 7-3]의 조건들 중 하나라도 만족하지 않으면 반드시 투과법을 적용해야 하는 것이다.

표 7-3) 투과법 적용 기준

① 지수를 구성하는 개별 종목 내역과 각각의 비중을 파악할 수 있어야 한다.
② 적어도 구성종목이 20개 이상이어야 한다.
③ 모든 구성종목 비중이 지수의 25% 미만이어야 한다.
④ 상위 10% 구성종목들 비중 합계가 지수 전체의 60% 미만이어야 한다.
⑤ 기초자산 시가총액 합계가 USD 400억 이상이어야 한다.

4. 감마 vs. 커버쳐

신표준방법은 옵션의 비선형 리스크를 반영하기 위하여 구표준방법 감마 대신에 커버쳐 개념을 도입하였다. 감마는 기초자산 단위 변동에 대한 델타 변동으로 구표준방법 감마리스크는 다음의 산식을 적용한다.

$$감마리스크 = 0.5 \times 감마 \times (기초자산\ 위험가중치)^2$$

기초자산 위험가중치는 리스크군에 따라 상이하다(금리: 0.6%~1.0%, 주식 및 외환: 8%, 상품: 15%). 기초자산별 순감마가 음수인 경우 이의 절대값을 규제자본으로 인식한다.

순감마리스크가 음수라는 것은 기초자산에 대한 옵션 손익 구조가 위로 볼록(수학적으로 concave)한 경우를 말한다. 즉, 기초자산 가격이 변동할 경우 옵션 손실이 델타 예상보다 크게 발생할 수 있는 손익 구조를 갖는 것으로 옵션 매도 포지션을 말한다. 그러나, 감마리스크는 기초자산 단위 변동에 대한 감마에 기초자산별 위험가중치 제곱을 곱하여 사용하기 때문에 비선형 파생상품의 실제 손실을 반영하는 데 한계가 있다.

이러한 한계를 보완하고자 신표준방법에서는 커버쳐(Curvature: 곡률) 개념을 도입하였다. 이는 델타리스크가 포착하지 못하는 옵션성 상품의 추가적인 리스크로 리스크요소의 상·하방 스트레스 시나리오를 사용하여 산출하며 그 산식은 다음과 같다.

$$CVR_k^+ = -\sum_i \left[V_i\left(x_k^{RW(curvature)^+}\right) - V_i(x_k) - RW_k^{curvature} \cdot s_{ik} \right]$$
$$CVR_k^- = -\sum_i \left[V_i\left(x_k^{RW(curvature)^-}\right) - V_i(x_k) + RW_k^{curvature} \cdot s_{ik} \right]$$

위의 산식에서 사용되는 기본적인 기호의 정의는 다음과 같다.

- $V_i(x_k)$: 리스크요소 k의 현재 수준이 x_k인 경우 상품 i의 가치
- $V_i\left(x_k^{RW(curvature)^+}\right)$, $V_i\left(x_k^{RW(curvature)^-}\right)$: 리스크요소 k 상·하방 스트레스를 적용한 경우 상품 i 가치
- $RW_k^{curvature}$: 리스크요소 k 커버쳐리스크에 대한 위험가중치
- s_{ik}: 리스크요소 k에 대한 상품 i 델타 민감도

우선, 산식이 주는 기호 복잡성에 위압감을 느낄 수 있지만 수학적인 기호 의미를 해석하면 직관적인 의미를 파악할 수 있다. 상품 가치를 결정하는 리스크요소가 다수인 경우를 고려하여 상품 기호 i와 리스크요소 기호 k를 구분하였으

며 변동 시나리오를 상·하방 모두 고려하기 위해 +/- 구분 기호를 사용하였다.

상·하방 변동은 리스크요소에 따라 다르게 적용하는 특징이 있는데 이는 구표준방법에서 리스크군(금리만 만기 기간대에 따라 세분화)에 따라 상이하게 적용하는 것보다 세분화되어 있음을 알 수 있다.

마지막으로, 델타 민감도에 위험가중치를 곱한 값을 차감함으로써 위험가중 델타를 초과하는 손실을 커버처리스크로 포착하고자 하는 것을 알 수 있다. 규제 자본 산출을 위해 손실분에 최종 -1배를 곱한 결과를 사용한다.

구표준방법에서는 기초자산별 감마를 단순 합하지만 신표준방법에서는 (1) 리스크요소 간 상관관계를 반영한 버킷내 합산, (2) 버킷간 상관관계를 반영한 버킷간 합산 과정이 필요하다.

첫째, 버킷내 합산에서 상관계수를 반영할 경우 리스크요소에 대한 CVR이 음수인 경우들의 곱은 반영하지 않는다. 이는 손실이 발생하지 않는 것들을 곱해서 손실이 발생한 것처럼 보이는 항목을 산식에서 제외하기 위한 것이다. 마지막으로 상향 시나리오 결과와 하향 시나리오 결과 중에서 최대값을 사용하며 이를 수식으로 표현하면 다음과 같다.

$$K_b = \max\left[K_b^+, K_b^-\right]$$

여기서,

$$K_b^+ = \sqrt{\max\left\{0, \sum_k \left[\max\left(0, CVR_k^+\right)\right]^2 + \sum_k \sum_{l \neq k} \rho_{kl} \cdot CVR_k^+ \cdot CVR_l^+ \cdot \Psi\left(CVR_k^+, CVR_l^+\right)\right\}}$$

$$K_b^- = \sqrt{\max\left\{0, \sum_k \left[\max\left(0, CVR_k^-\right)\right]^2 + \sum_k \sum_{l \neq k} \rho_{kl} \cdot CVR_k^- \cdot CVR_l^- \cdot \Psi\left(CVR_k^-, CVR_l^-\right)\right\}}$$

$$\Psi\left(CVR_k, CVR_l\right) = \begin{cases} 0 & (\text{if } CVR_k < 0 \text{ and } CVR_l < 0) \\ 1 & (otherwise) \end{cases}$$

둘째, 버킷간 합산은 버킷 기준 CVR 단순 합인 S_b와 버킷 기준 CVR 상관관계 반영 합인 K_b를 이용하여 다음과 같이 결정한다.

$$리스크군\ 커버쳐리스크 = \sqrt{\max\left\{0, \sum_b K_b^2 + \sum_b \sum_{c \neq b} \gamma_{bc} \cdot S_b \cdot S_c \cdot \Psi(S_b, S_c)\right\}}$$

결국 커버쳐리스크 계산을 위해 수많은 금융기관들이 자체적인 평가 모듈을 가지고 있어야 하며 산출 방법이 결코 단순하지 않아 산식에서 이미 포기하고 싶은 생각이 들 정도이다. 문제는 산수가 너무 복잡하여 최종 산출 결과가 제대로 계산된 것인지 확인하기가 쉽지 않다.

다음 예시는 주식 바닐라 콜 옵션 매도 포지션에 대한 구표준방법 감마와 신표준방법 커버쳐 수준을 비교해서 보여준다.

— **(예시) 주가지수 콜 옵션 매도, 기초자산 종가: 100, 행사가격: 100, 만기: 1년,**
내재변동성: 20%, 무위험이자율: 2%, 옵션가격: -8.92, 델타: -59, 감마: -200

- **구표준방법(주가지수 위험가중치: 8%)**
  - 감마리스크: $0.5 \times abs(\min(감마, 0)) \times (기초자산\ 위험가중치)^2 = 0.64$
- **신표준방법(버킷 위험가중치: 신흥국 주가지수인 경우 25%, 투과법 적용하지 않음)**
  - 커버쳐리스크: 하향 충격 시나리오 결과인 6.52(감마리스크 10배)

신표준방법	하향	현재	상향
종가	75.00	100.00	125.00
옵션가격	−0.72	−8.92	−28.18
CVR	6.52		4.54

- **기초자산이 해당되는 버킷 위험가중치가 증가할수록, 등가격 옵션이면서 잔존만기가 감소할수록 커버쳐리스크 증가는 가속화됨을 아래 표를 통해 확인할 수 있다.**

구분	구표준방법 감마	신표준방법 커버쳐	차이(=커버쳐−감마)
만기 1년, 버킷 위험가중치 25%	0.63	6.52	5.90
만기 1년, 버킷 위험가중치 70%	0.63	32.31	31.69
만기 0.25년, 버킷 위험가중치 25%	1.27	9.76	8.49

5. 개별리스크 vs. 부도리스크

구표준방법에서 채권종류(정부채권, 우량채권, 기타)에 따라 위험가중치 차이가 있던 것과 다르게 신표준방법에서는 비유동화, 유동화(CTP 제외), 유동화(CTP)로 구분하여 발행자 기준으로 위험가중치를 적용하고 있다.

구표준방법에서 잔존만기에 따라 위험가중치가 차등 적용되던 것과 다르게 신표준방법에서는 만기를 최대 1년 기준으로 조정하여 거래 단위에서 잔존 만기를 조정하는 차이점이 있다.

한국정부채권 표준신용등급이 AA임을 고려할 경우 대표적인 원화 회사채 표준신용등급은 A~BBB 범위에 속할 것으로 예상되며 신표준방법 기준 위험가중치는 증가한다. 예를 들어, 만기 1년 표준신용등급 BBB 회사채를 보유할 경우 구표준방법에서는 위험가중치 1%를 적용하는 반면 신표준방법에서는 6% 위험가중치가 적용된다.

특히, 신용등급 정보가 없어 무등급으로 처리될 경우 구표준방법 기준 8%에서 신표준방법 기준 15%로 위험가중치가 7%p 상승하게 되어 신용등급 정보 관리 중요성이 더욱 강조되는 규제 체계이다.

5.1. 구표준방법 개별리스크(금리)

채권 종류	표준신용등급	잔존만기	위험가중치
정부발행채권	AAA ~ AA-		0.00%
	A+ ~ BBB-	6개월 이하	0.25%
		6개월 초과 24개월 이하	1.00%
		24개월 초과	1.60%
	BB+ ~ B-		8.00%
	B- 미만		12.00%
	무등급		8.00%
우량 채권	AAA ~ BBB-	6개월 이하	0.25%
		6개월 초과 24개월 이하	1.00%
		24개월 초과	1.60%

	BB+ ~ BB-	8.00%
기타	BB- 미만	12.00%
	무등급	8.00%

5.2. 신표준방법 부도리스크(비유동화)

신용도	AAA	AA	A	BBB	BB	B	CCC	무등급	부도
위험가중치(RW)	0.50%	2%	3%	6%	15%	30%	50%	15%	100%

유동화 익스포져는 구표준방법에서 이미 신용리스크 규제자본 체계와 동일하게 처리하도록 되어 있어 근본적인 산출 체계는 변화하지 않는다.

6. 유동성 기준 통화 분류

신표준방법에서는 통화를 유동성 여부에 따라 고유동성 통화와 일반 통화로 구분한다. 이러한 구분에 의해 위험가중치를 차등 적용하며 이 기준은 예상치 못한 헤지 효과를 가져올 수 있다.

신표준방법에서 환 포지션은 구표준방법과 상이하게 통화 간 포지션 상계가 가능한 장점이 있지만 상계로 인한 규제자본 감소효과를 경감하기 위해 위험가중치 조정(8%→15%) 및 상관계수 시나리오를 적용하고 있다.

구표준방법에서는 순매입포지션과 순매도포지션 최대값을 기준으로 규제자본이 결정되어 환헤지포지션 수준에 상관없이 동일한 규제자본이 산출되는 반면 신표준방법에서는 환헤지포지션 수준에 따라 규제자본이 상이하게 산출되는 특징이 있다.

[표 7-4]는 달러포지션 1백만(원)에 대한 헤지 포지션 통화를 CNY(고유동성 통화), CNH(일반 통화) 두 가지 경우로 취급한 경우 규제자본 차이를 보여준다.

표 7-4 환 헤지 포지션 인식(CNY vs. CNH)

헤지 포지션(원)	구표준방법 규제자본	신표준방법 규제자본	
	CNY 또는 CNH	CNY	CNH
−1,000,000	80,000	94,868	121,071
−900,000	80,000	90,623	110,871
−800,000	80,000	87,464	101,865
−700,000	80,000	85,513	94,396
−600,000	80,000	84,853	88,853
−500,000	80,000	85,513	85,610
−400,000	80,000	87,464	84,931
−300,000	80,000	90,623	86,876
−200,000	80,000	94,868	91,278
−100,000	80,000	100,062	97,805
0	80,000	106,066	106,066

[그림 7-1]을 보면 헤지 포지션이 고유동성 통화인 경우 규제자본을 최소화하는 방법은 원 포지션의 60% 수준이지만 일반 통화로 헤지하는 경우는 원 포지션의 40% 수준으로 변한다.

그림 7-1 환 리스크 규제자본(구표준방법 vs. 신표준방법)

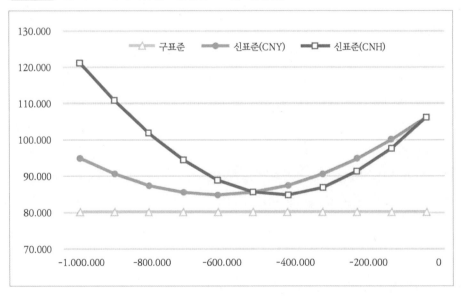

결국, 환 헤지 포지션 통화의 유동성 여부 및 포지션 규모에 따라 규제자본
수준이 상이함을 고려하여 환 포지션 규제자본 관리가 필요하다.

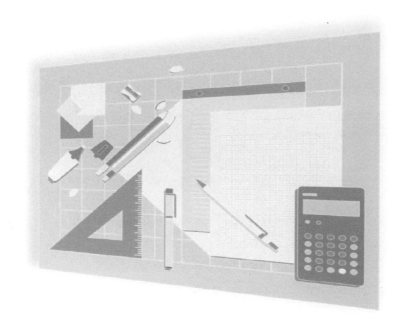

포지션 관리 전략

RISK

포지션 관리 전략

신표준방법 산출 체계 도입으로 인한 규제자본 변화는 피할 수 없는 상황이다. 이에 본 장에서는 향후 금융기관들이 규제자본 관리를 위해 고려해야 할 사항들이 어떤 것이 있는지 점검해 보고자 한다.

1. 비선형 파생상품 규제자본 관리 강화

스트레스 시장 시나리오에 대한 옵션 포지션 손실을 포착하는 커버쳐리스크 도입으로 옵션 매도 포지션을 취하는 기관들의 경우 규제자본 관리 강화가 필요하다.

금융기관들이 옵션 매도 포지션을 보유하는 경우는 투자 목적이 아닌 자체 북운용을 위한 헤지 포지션이 일반적이다. 물론 매도 옵션이 내재된 상품(예를 들어, 풋 매도 옵션이 내재된 ELS)을 트레이딩 포지션으로 취급할 수도 있다.

실무적으로 헤지 포지션 구축 시 헤지 비용을 고려하여 기초자산 움직임에 대한 상·하한 범위를 크게 설정하지 않는다. 그러나 바젤3 신표준방법에서는 커버쳐리스크 포착을 위해 기초자산 움직임의 스트레스 시나리오를 강도 높게 설정하고 있다. KOSPI200 주가지수만 보더라도 신흥국 지수에 해당되어 25% 상·하방 움직임에 대한 포지션의 손실분을 규제자본으로 인식하도록 하고 있다.

물론 자본에 여유가 있어 규제자본 관리가 필요 없는 기관이거나 옵션 매도 포지션의 규모가 미미한 기관은 본 이슈에 둔감할 수 있다.

그러나, 옵션북을 운용하는 기관들 중에서 규제자본 관리가 필요하다면 한도설정 시 가정하는 기초자산 움직임에 대한 상·하한 범위를 바젤3 신표준방법 커버쳐리스크 산출에 사용되는 위험가중치 수준을 고려할 필요가 있다.

2. 신용리스크 수반 포지션 관리 강화

신용스프레드리스크 도입으로 회사채처럼 발행자 신용리스크가 있는 트레이딩 포지션의 경우 강도 높은 규제자본이 부과되는 특징이 있다.

일반 회사채만이 아니라 국내 채권시장에서 풍부한 유동성을 갖는 국채조차 "sovereign" 섹터에 해당되어 신용(비유동화) 리스크를 추가로 반영해야 한다. 특히, 금융채는 투자등급인 경우 5%, 투기등급인 경우 12%에 이르는 위험가중치를 추가로 반영하고 있어 유동성이 풍부한 금융채 위주로 채권을 운용하는 금융기관들은 신표준방법 기준 규제자본 증가에 주의가 필요하다.

3. 표준신용등급 및 섹터정보 관리 강화

발행자 표준신용등급 정보가 없는 유가증권(주식 또는 채권)의 경우 부도리스크에서 무등급으로 분류되어 15% 위험가중치가 부과될 수 있어 주의가 필요하다. 또한 섹터 정보가 없어 기타 버킷으로 분류되는 경우 민감도리스크 측정 시, 주식은 70%, 신용(비유동화)은 12%의 높은 위험가중치를 적용해야 하므로 규제자본 관리 시 신용등급과 섹터정보 입수가 중요하다.

채권은 발행자 신용등급 외에 채권의 신용등급도 필요하므로 주의가 필요하다. 신용스프레드 리스크 산출 시 투자/투기 등급 구분에 따라 버킷이 달라지기 때문이다.

주식은 구표준방법에서는 신용등급 정보가 요구되지 않았으나 신표준방법에서는 신용등급 정보를 반영하여 부도리스크를 측정하는 차이점이 있다.

4. 투과법 적용 대상 포지션 관리 강화

투과법 적용 대상인 자산편중리스크가 있는 지수 포지션의 경우 지수 구성 개별종목에 대한 표준신용등급, 섹터, 비중 등의 정보를 일별로 입수해야 하는 어려움이 있다. 해당 정보가 누락될 경우 무등급 또는 기타 버킷으로 분류되어 필요 이상의 규제자본으로 BIS비율을 하락시킬 수 있다.

투과법 적용 대상 지수 연계 옵션의 경우 옵션 매입 포지션임에도 불구하고 커버쳐리스크가 산출될 수 있어 주의가 요구된다. 지수를 구성하는 개별종목들의 모노 감마가 크로스 감마보다 크지 않은 경우 지수에 대한 옵션 매입 포지션에서도 커버쳐리스크가 발생되는 특징이 있다.

문제는 투과법 적용 대상이 되는 상장지수펀드나 수익증권의 경우 구성 자산에 대한 정보를 일별로 입수하는 것이 결코 용이하지 않다는 것이다. 특히, 해외 상장지수펀드나 수익증권인 경우 정보 입수의 어려움은 더욱 가중된다. 따라서, 기관별로 포지션 규모가 크지 않다면 구성 자산에 대한 정보 입수를 포기하고 무등급과 기타 섹터로 처리할 수 있다. 그러나, 무시할 수 없는 규모의 포지션을 보유한 금융기관인 경우 포지션 취급 전 관련 정보 입수를 위한 제반 사항 점검이 선행되어야 한다.

5. 부도리스크 상계효과 활용

구표준방법에서는 채권과 주식의 발행자가 동일한 경우라 하더라도 서로 상계할 수 없었지만 신표준방법에서는 채권 매입 포지션을 주식 매도 포지션으로 상계할 수 있는 특징이 있다.

예를 들어, 기업A 채권 매입 포지션을 기업A 주식을 기초자산으로 하는 풋옵션 매입으로 부도리스크를 경감할 수 있다 따라서, 금융기관 내에서 채권 북운용 및 주식옵션 북운용 둘 다 수행하는 경우 규제자본 관리 시 고려될 수 있는 포인트이다.

■ 포지션 관리 전략 주요 포인트

① 옵션 매도 포지션 커버쳐리스크 관리

② 국채 및 금융채 신용스프레드리스크 관리

③ 무등급 또는 기타 섹터 분류 대상 최소화

④ 투과법 적용 대상이 되는 상장지수펀드와 수익증권 관리

⑤ 동일 발행자에 대한 부도리스크 상계효과 활용

신표준방법
이슈 사항 점검

신표준방법 이슈 사항 점검

1. 리스크요소 설정

1.1. 금리

금리 델타 리스크요소 관련하여 다소 익숙하지 않은 이종통화 베이시스 커브나 인플레이션 커브가 등장한다. 금리 커브의 종류는 매우 다양하지만 많은 기관들이 자체적으로 설정하고 있는 금리 리스크요소는 신표준방법이 제시하고 있는 것처럼 분리되어 있지 않을 수 있다.

특히, 제로금리를 리스크요소로 기 사용하고 있는 경우 이종통화 베이시스 커브가 별도의 리스크요소로 설정되어 있지 않을 수 있다. 제로금리 데이터 생성에 신표준방법 기준 상이한 두 개 이상의 커브가 사용된 경우, 신표준방법 금리 민감도 산출을 위해서는 제로금리 기준이 아닌 제로금리 생성을 위해 사용된 커브 기준으로 민감도 산출이 필요하다.

1.2. 신용스프레드

기존 시장 리스크요소에 신용스프레드를 분리하여 관리하고 있는 기관은 많지 않다. 대부분 신용스프레드가 함축되어 있는 회사채 금리를 리스크요소로 사용하고 있다. 물론 증권사의 경우 신용파생상품 거래를 통해 신용스프레드에 대한 트레이딩 포지션을 취하기도 한다.

국내 채권 금리는 신용등급 기준으로 일별 고시되고 있어 개별 기업 신용스프레드 정보를 입수하는 것은 현실적으로 불가능하다. 글로벌 시장처럼 개별 기업(또는 기업이 발행한 채권)을 준거자산으로 하는 신용부도스왑 거래가 활성화되어 신용스프레드 정보를 입수할 수 있는 경우에는 이슈가 없지만 국내는 상황이 다르다. 따라서, 국내 금융시장 정보 제약으로 인해 민감도 산출의 정교함을 일부 포기할 수밖에 없다.

실제, 글로벌 금융시장에서는 본드 스왑 스프레드를 이용한 차익 거래가 형성되기도 하지만 국내 금융시장은 아직 이러한 수준까지 발전하지 않은 상황이다. 따라서 등급별로 고시되는 채권 금리 정보를 이용한 신용스프레드 시장정보를 활용하는 방법이 차선책이 될 수 있다.

1.3. 레포 금리

주식 리스크군에 신규로 도입된 레포 금리는 다소 생소할 수 있는 리스크요소다. 실제 모든 개별종목 및 주가지수에 대하여 레포 금리를 일별로 입수할 수 있는지 여부 및 이러한 시장 데이터를 평가변수로 사용하여 민감도를 산출하고 있는지는 기관마다 상황이 다를 것이다.

실제 주식옵션 북운용을 하는 국내 금융기관들도 레포 금리를 대표적인 주가지수인 경우에 한하여 평가변수로 사용하고 있으나 이에 대한 민감도를 산출하여 리스크로 인식하는 수준은 아니다. 따라서 레포 금리에 대한 델타 규제자본은 국내 상황에서는 다소 무리가 있어 보이는 개념이다.

1.4. 환율

환율 델타 및 커버쳐리스크요소는 통화(currency)로, 환율 베가 리스크요소는 통화쌍(currency pair)으로 설정해야 한다. 간혹 환율 리스크요소 설정을 통화 기준으로 한다는 문장을 그대로 받아들여 환율 베가 리스크요소를 통화로 설정하여 통화쌍 기준으로 산출되는 베가 결과를 어떤 방법으로 분해해야 할까 고민하는 사람이 있다. 물론, 통화옵션에 대한 기본적인 이해가 있다면 이런 불필요한 고민을 하지 않을 것으로 보인다.

2. 민감도 산출

2.1. 민감도 산출 세부 방법

민감도는 측정하는 기준에 따라 산출 결과가 상이할 수 있어 신표준방법은 민감도 산식을 구체적으로 지정하고 있다. 만약 금융기관이 자체적으로 사용하고 있는 민감도 산식이 신표준방법이 지정한 산식과 상이한 경우 규제자본 산출을 위해 별도의 민감도 산출이 필요할 수 있다. 이는 시스템 개발에서 반드시 고려되어야 할 부분이다.

물론, 델타 민감도의 경우 forward difference(기초자산 상향), central difference (기초자산 상·하향), backward difference(기초자산 하향) 중에서 기 사용하고 있는 방법을 동일하게 적용할 수 있다. 단, forward difference가 아닌 경우 바젤에서 권고한 산식을 적용한 결과와 매우 유사하다는 것을 감독기관에 증명해야 한다.

2.2. 민감도 산출 결과

신표준방법에서 민감도는 델타, 베가, 커버쳐에 따라 의미가 다소 상이하다.

델타 민감도는 주식, 환율, 상품의 경우 현물 포지션 금액인 반면 금리와 신용은 PV01(CS01)에 1만배를 적용한 결과이다.

베가 민감도는 변동성 1 움직임에 대한 평가값 차이에 내재변동성을 곱한 값이다. 예를 들어, 내재변동성 20%인 KOSPI200 옵션의 경우 베가는 변동성이 20%p 증가할 경우 평가값 차이를 포착한다.

커버쳐 민감도는 주어진 위험가중치에 해당하는 스트레스 시나리오를 적용할 경우 델타로 포착할 수 있는 수준을 초과하여 발생되는 손실금액이다. 상승 또는 하락 스트레스 시나리오 모두 적용할 경우 발생되는 손실 금액 중에서 큰 값을 사용하게 된다.

(1) 델타

금리 델타는 만기수익률(yield-to-maturity)에 대한 PV01 또는 제로금리(zero rate)에 대한 PV01 두 가지가 있다. 원칙적으로 시장 데이터인 만기수익률에 대한 민감도를 사용하는 것이 적절하나 제로금리에 대한 PV01을 내부적으로 사용하고 있는 경우 이를 허용하고 있다.

주식 델타 산출 시 내재변동성을 moneyness 기준으로 관리하고 있는 금융기관들은 기초자산 가격 변동에 따른 내재변동성 재산출을 선행한 후에 델타 민감도를 산출해야 한다. 물론 행사가격을 기준으로 내재변동성을 관리하고 있는 경우에는 이러한 내재변동성 재산출이 필요 없다.

(2) 베가

금리 리스크군을 제외한 모든 리스크군들의 경우 변동성 리스크요소를 만기로만 구분하고 있어 베가 산출 시 적용해야 하는 내재변동성 선택에 고민이 생길 수 있다.

예를 들어, 주가지수의 경우 만기와 행사가격 차이에 따라 변동성 수준이 달라지는 변동성 곡면 시장정보가 존재한다. 변동성 스마일 현상을 잔여리스크로 반영할 필요가 없다고 명시한 것을 고려할 경우 베가 산출에 적용하는 내재변동성으로 대표적인 등가격 내재변동성을 사용하는 것은 무리가 없어 보인다. 물론 변동성 곡면을 적용하는 거래의 경우 보수적인 관점에서 심외가격(Deep Out-of-The-Money) 변동성 수준을 적용할 수도 있으나 이는 기관마다 사용하는 심외가격 moneyness에 따라 상이하므로 논리적인 근거가 빈약해 보인다.

델타 및 커버쳐 산식에는 기초자산 변동폭에 대한 구체적인 숫자가 명시되어 있으나 베가는 변동폭이 제시되어 있지 않다.

실제로, 델타 계산 시 리스크군별 기초자산 변동폭은 금리·신용 1bp, 주식·외환·상품 1%로 고정되어 있다. 커버쳐 역시 모든 리스크군은 버킷별 위험가중치를 변동폭으로 설정하고 있으며 예외적으로 금리 리스크군만 버킷 내에서 가장 짧은 만기 리스크요소의 위험가중치를 적용한다.

결국, 리스크군별 변동성 속성에 따라 베가 산출에 적용하는 변동폭을 결정해야 한다. 일반적으로, 베가 산출에 사용되는 변동성 절대 변동폭은 1%p(변동성 수준이 낮은 경우 0.1%p)를 사용한다.

그러나, 음수가 관찰되는 일부 시장 데이터의 경우 로그정규분포가 아니라 정규분포를 가정하여 변동성이 고시되고 있어 이러한 변동성을 사용할 경우 베가 산출에 사용되는 변동성 변동폭은 조정이 필요하다. 예를 들어, 정규분포로 가정하여 시장에서 고시되는 금리 캡/플로어 내재변동성은 50bp(로그정규분포를 가정하는 경우 30%) 수준으로 이때 베가 산출에 사용되는 변동성 절대 변동폭은 1bp를 사용할 수 있다.

(3) 커버쳐

커버쳐 산출에 적용되는 기초자산 변동폭을 보면 금리 리스크군은 최대 170bp 수준을 요구하고 있어 로그정규분포를 가정한 금리옵션 평가모형에서 오류가 발생할 수 있다. 실무적으로는 음수 금리 시나리오가 발생하면 인위적으로 0 이상의 값으로 조절하여 평가하도록 할 수 있으나 이는 커버쳐 산출 결과가 왜곡될 수 있어 주의가 요구된다.

과거엔 상상할 수 없었던 초 저금리 수준을 빈번하게 관찰할 수 있는 시장 상황에서 170bp 하락 시나리오 적용을 위해서는 정규분포를 가정한 금리옵션 평가모형으로 변경할 필요가 있다.

3. 민감도 매핑

3.1. 리스크요소 매핑

신표준방법은 리스크요소가 만기에 따라 구분되는 경우 만기를 지정하여 리스크요소를 구분하고 있다. 주식 또는 환율처럼 만기 개념이 없는 시장데이터도 있지만 많은 시장 데이터는 만기가 구분되어 있다. 금리 기간구조(term structure), 신용스프레드 기간구조, 변동성 기간구조 등이 그러하다.

그렇다면, 신표준방법이 지정한 만기에 매핑하는 방법에 따라 규제자본 수준이 다소 상이할 수 있다.

문제는 거래 잔존만기 T가 리스크요소 만기들($T_1^{**}, ..., T_N^{**}$)보다 짧은데 금융기관 자체적으로 사용하고 있는 리스크요소 만기가 바젤이 제시한 최소만기보다 큰 경우 관련 민감도를 어디에 매핑해야 하는지 의사결정이 필요하다.

예를 들어, 통화옵션 잔존만기가 0.25년인 거래 평가 시 1년만기 내재변동성을 사용한 경우 베가 산출 결과는 신표준방법에서 지정한 베가 만기 0.5, 1, 3, 5, 10년 중에 어디에 매핑하는지 궁금증이 생길 수 있다. 실제 사용한 내재변동성 만기 1년을 사용할지 아니면 거래만기보다 긴 리스크요소 만기들 중에서 가장 짧은 0.5년을 사용할지 선택해야 한다.

이는 신내부모형에서 유동성 시계를 결정하는 논리를 준용하여 거래 만기 T보다 큰 리스크요소 만기들 중에서 가장 짧은 만기 $T^*(=\min(T_1^{**}, ..., T_N^{**}))$를 선택하는 것이 하나의 대안이 될 수 있다. 베가 또는 신용스프레드 델타는 만기에 따라 위험가중치가 상이하지 않지만 금리 델타는 만기가 짧을수록 위험가중치가 높아지므로 보수적인 규제자본 산출을 위해서도 적절한 선택으로 보인다.

3.2. 버킷 매핑

주식 버킷은 시가총액 20억 달러를 기준으로 대형주와 소형주가 구분된다. 이슈는 원달러 환율이 급상승하는 경우, 원화 기준으로는 시가총액이 동일함에도 불구하고 대형주가 소형주로 변경되어 위험가중치가 상승한다. 특히, 한국은 신흥시장으로 구분되어 대형주 위험가중치 45~60%에서 소형주 위험가중치 70%로 상승하게 된다. 결국 글로벌 경기 불황으로 달러 대비 자국 통화가치가 하락하는 경우 자국 주식을 보유한 기관들은 규제자본에서 상대적으로 페널티를 받는 결과를 초래한다.

이러한 이유로 대형주와 소형주를 구분하는 절대금액은 달러가 아닌 자국 통화 기준으로 변경 적용하는 것이 필요한데 이는 감독당국의 의사결정이 필요한 부분이다.

4. 데이터 관리

바젤3 시장리스크 신표준방법은 바젤2.5 시장리스크 구표준방법에서는 고려되지 않던 방대한 데이터를 신규로 요구하고 있다. 이러한 데이터 원천 탐색, 수집, 일별 자동화, 주어진 버킷 및 리스크요소에 매핑하는 작업은 많은 수고와 노력이 요구된다. 데이터 원천 또는 매핑 기준에 따라 위험가중치가 상이하여 최종 규제자본 수준에 차이가 발생할 수 있어 향후 이슈가 될 수 있다.

(1) 금리

무위험금리만이 아닌 이종통화 베이시스 커브, 인플레이션 커브를 분리하여 관리해야 하며 이에 대한 민감도를 산출해야 한다.

특히, Libor 호가 중단으로 대체 무위험금리(RFR: Risk Free Rate)가 도입될 예정이므로 금리 커브 전반에 대한 변동이 예상된다. 물론 신표준방법은 신내부모형에서 요구하는 과거 시계열 자료를 필요로 하지 않아 상대적으로 부담이 적을 수 있지만 무위험금리 지표였던 Libor 호가 중단은 단순히 이자율스왑 금리 커브만의 변경이 아닌 이종통화 베이시스 커브, 금리옵션 변동성 등 금융시장정보의 전사적인 변화를 가져올 것이다.

이 책을 쓰고 있는 2021.6월 시점에도 아직 이종통화 베이시스 스왑 거래 및 RFR 연계 금리옵션 거래는 활성화되지 않아 시장 참여자들은 명확한 시장 데이터 설정조차 하지 못하고 있다.

실제 시장에서 호가가 나오고 있는 것은 USD SOFR 지표금리 연계 이자율스왑, Libor-SOFR 베이시스 스왑 등이다. 따라서 향후 금리 리스크군 데이터 관리는 더욱 주의가 필요하다.

(2) 신용

민감도기반리스크 규제자본 측정을 위한 버킷 구분을 위해 신용도, 섹터, 선순위/비선순위 구분 정보가 필요하며 리스크요소 구분을 위해 발행자, 커브, 만기 정보가 필요하다.

해외 신용스프레드 커브 역시 Libor 호가 중단의 영향을 받을 것으로 보인다.

해외 신용스프레드 시장 호가는 대부분 무위험금리를 Libor로 사용하고 있기 때문이다.

부도리스크 규제자본 측정을 위해 모든 리스크군에 대한 발행자 신용등급, 유동화(CTP 제외) 리스크군에 한하여 담보 포트폴리오의 자산군과 지역, 비유동화 리스크군을 제외한 리스크군들에 한하여 외부신용등급법 적용 위험가중치를 결정하기 위한 AP(손실시작점)/DP(손실종료점) 등이 있다.

(3) 주식

민감도기반리스크 규제자본 측정을 위한 버킷 구분을 위해 시가총액, 경제수준, 섹터 정보가 필요하다. 특정 기업에 대한 섹터 정보가 국내 기준과 해외 기준 상이하게 제공되는 경우 어떤 섹터 정보를 사용해야 하는지도 결정해야 한다. 이 외에 레포(Repo) 리스크요소에 대한 민감도 산출을 위해 레포 정보를 입수해야 한다.

부도리스크 규제자본 측정을 위해 표준신용등급 정보도 필요한데 그 관리가 용이하지 않다. 해외 주식을 운용하는 금융기관의 경우 해외 주식 발행 기업의 신용등급을 입수할 수 없어 무등급으로 처리할 가능성도 적지 않다.

(4) 상품

상품의 종류, 만기, 인도지역 등의 정보에 따라 리스크요소를 분리하고 있어 각각의 정보 입수가 필요하다.

(5) 공통

투과법 적용을 위해 지수를 구성하는 개별종목에 대한 정보가 필요하다. 예를 들어, 주가지수인 경우 개별종목의 시가총액, 경제수준, 섹터, 표준신용등급 정보가 필요한 것이다. 신용(비유동화) 섹터 중에 하나인 신용지수 역시 투과법 적용을 위해 개별 채권에 대한 발행자, 커브, 만기, 표준신용등급 정보가 필요하다.

표 9-1 리스크군별 필요 데이터 및 체크 포인트

구분	민감도/부도	데이터	체크 포인트
금리	민감도기반 리스크	통화, 커브명, 만기	무위험금리만이 아닌 이종통화 베이시스 커브, 인플레이션 커브를 분리
			Libor 호가 중단으로 대체 무위험금리(RFR: Risk Free Rate) 도입 예정
신용	민감도기반 리스크	버킷 구분용: 신용도(투자/투기 구분), 섹터, 선순위/비선순위 구분(CTP 제외 유동화만) 리스크요소 구분용: 발행자, 커브, 만기	해외 신용스프레드 커브는 Libor 호가 중단으로 변경 예정
	부도리스크	모든 리스크군: 발행자 신용등급	
		유동화(CTP 제외) 리스크군: 담보 포트폴리오 자산군과 지역	
		유동화 리스크군: AP(손실시작점)/DP(손실종료점)	
주식	민감도기반 리스크	시가총액, 경제수준, 섹터, 레포 금리	특정 기업에 대한 섹터 정보가 국내 기준과 해외 기준 상이하게 제공되는 경우 우선 순위 결정
	부도리스크	신용등급	해외 주식 발행 기업의 신용등급 입수 주의
상품	민감도기반 리스크	종류, 만기, 인도지역	

5. 지수 관련 상품 분해

민감도리스크 규제자본 산출에서는 투과법 적용을 필요로 하는 지수만 분해 작업이 필요하지만 부도리스크 산출에서는 모든 지수에 대하여 개별 종목으로 분해하는 작업이 필요하다. 물론, 무등급으로 처리할 수 있으나 규제자본은 실질보다 크게 측정되는 단점이 있다.

지수 연계 파생상품의 경우 신표준방법 규제자본 측정 시스템을 개발하는 것은 매우 부담스러운 작업이다. 또한, 해외주가지수 구성종목의 시가총액, 섹터, 신용등급 등을 일별로 제공받는 작업은 적지 않은 데이터 관리 비용과 수고가 필요하다.

그러나, 이러한 이슈들은 신내부모형에서 더 이상 고민거리가 아니다. 왜냐하면 지수 그 자체를 리스크요소로 인정하여 처리할 수 있기 때문이다. 국내 대형 금융기관들의 트레이딩 포지션 수준은 신내부모형 적용이 적합하지만 현실적으로 가야 할 길이 너무 멀다.

대표적인 투자상품으로 알려진 상장지수펀드(ETF: Exchange Traded Fund)는 구성 내역을 일별로 입수 받는 것이 현실적으로 불가능하여 대부분 기타 버킷으로 처리될 가능성이 높다. 물론, 대표적인 주가지수와의 추적오차가 일정 이내인 경우 투과법을 적용하지 않아도 되지만 KOSPI200이 이미 투과법 적용 대상이므로 이 또한 의미가 없어 보인다. 물론, 해외 ETF는 상황이 다를 수 있다.

6. 금리옵션 평가모형

초저금리 시장상황에서 금리 커버쳐리스크 산출을 위해 1.2%~1.7% 변동폭을 적용할 경우, 로그정규분포를 따르는 금리옵션 평가모형은 오작동이 일어난다. 따라서, 금리옵션 포지션이 있는 기관들은 금리옵션 평가모형 변경 및 금리 변동성 데이터 변경이 선행되어야 한다.

즉, 신표준방법 적용을 위해서는 음수 금리를 허용하는 금리옵션 평가모형으로 변경함과 동시에 로그정규분포를 가정한 내재변동성(Log-normal Volatility)을 정규분포를 가정한 내재변동성(Normal Volatility)으로 변경해야 한다.

음수 금리를 허용하는 대표적인 이자율모형인 Hull-White 모형을 적용하여 구조화 스왑을 평가할 경우에도 모수 추정을 위해 사용하는 Cap·Floor 또는 Swaption 시장가격 산식에서 정규분포 가정을 반영하여 수정이 필요하다.

장기적으로는 Libor 대체 무위험금리 연계 옵션 거래가 활성화될 경우 금리옵션 모형의 전면 개편이 필요할 것이다. 예를 들어, Libor를 기초자산으로 하는

caplet들의 포트폴리오인 cap 거래를 생각해 보면 지표금리가 caplet 시작일에 확정되지만 대체 무위험금리는 caplet 만기일에 확정되는 차이점이 있다. 이러한 차이를 반영한 cap 평가모형으로 변경이 필요할 것이다.

7. 현물주식 자본 시계

신표준방법 부도리스크 산출에서는 자본 시계(capital horizon)를 1년으로 가정하며 1년 미만 잔존만기를 가진 거래에 대해서는 만기 조정이 필요하다.

예를 들어, 만기 3개월인 경우 0.25를 포지션 금액에 곱해야 한다. 그러나, 만기가 없는 현물주식의 경우 만기를 0.25 또는 1 중에 하나로 설정해야 하며 이는 기관별로 선택할 수 있다.

신내부모형 주식 유동성 시계를 보면 대형주 10일, 소형주 20일, 기타 60일로 설정하고 있어 주식 자본 시계를 0.25로 적용하는 것이 신내부모형과 일관성을 고려할 경우 적절하다. 또는 신표준방법 부도리스크 버킷내 상계를 활용하거나 주식 포지션을 그대로 JTD에 반영하고자 하는 경우 주식 자본 시계를 1년으로 설정할 수 있다.

8. Libor 고시 중단 대응

바젤3 시장리스크 산출 시스템은 2022년 Libor 대체 무위험금리(RFR) 도입으로 인한 금융시장 변화를 반영해야 한다.

신내부모형은 리스크요소 적격성 조건 충족을 위해 Libor 대체금리에 대한 과거 시계열 데이터가 필요하지만 신표준방법에서는 산출 시점부터 민감도를 산출할 수 있고 RFR 연계 스왑 커브에 대한 설정이 선행된다면 이슈는 없어 보인다.

단, 새로 도입되는 RFR 연계 상품들(금리스왑, 통화스왑, 금리옵션, 구조화스왑 등) 평가가 가능하도록 시스템 수정 및 개발이 필요하다.

실제, RFR 연계 스왑은 기존 Libor 금리와 상이하게 일별 확정되는 금리를 복리로 계산하여 변동금리 수준을 결정하게 된다. RFR 연계 이자율스왑 고시 금리는 이러한 변동금리와 교환하게 되는 고정금리 수준을 말한다.

바젤3 시장리스크 규제자본 체계에서는 Libor 연계 스왑 커브와 OIS(RFR 포함) 연계 스왑 커브를 구분하여 리스크요소를 설정하도록 요구하고 있다. 따라서 Libor 금리 전면 중단 이전에는 두 개 커브를 구분하여 시장리스크 규제를 인식하는 것이 필요하다.

RFR과 Libor 금리 간 스프레드는 거래상대방리스크 차이로 2020년 코로나-19 발생 시점에 급격히 상승하였다. 구내부모형을 2022년까지 사용해야 하는 기관들에게는 과거 데이터 확보가 불가능한 상황에서 대용치 데이터 추정 이슈가 발생한다. 스왑 만기와 시점에 따라 상이하게 움직이는 두 금리 간 스프레드를 추정하여 stressed VaR를 구하는 것은 쉽지 않지만 몇 가지 대안을 살펴보면 다음과 같다.

첫째, 스프레드를 시점이나 스왑 만기에 상관없이 일정 상수로 고정하는 것이다. 이 방법은 단순하다는 장점이 있는 반면 시장 충격 시 급상승하는 스프레드 특성을 반영하지 못하는 단점이 있다.

둘째, 대표적인 신용파생지수(CDX, iTraxx 등) 움직임을 시점이나 스왑 만기를 기준으로 차별화하여 적용하는 것이다. 물론, 은행들의 신용위험을 대표적으로 반영할 수 있는 신용스프레드 지수 선정이 부담스러운 작업이 될 수 있다.

셋째, 신내부모형에서 도입된 개념인 "*stressed ES*" 산출 방법을 차용하여 "*stressed VaR*"를 산출하는 것이다. 신내부모형에서 *stressed ES* 산출은 다음과 같이 나타낼 수 있다.

- $ES_{R,S}$: 축약 리스크요소들에 가장 극심한 12개월 스트레스 기간을 반영하여 산출한 ES
- $ES_{F,C}$: 전체 리스크요소들에 최근 12개월 관측치를 사용하여 산출한 ES
- $ES_{R,C}$: 축약 리스크요소들에 최근 12개월 관측치를 사용하여 산출한 ES

$$\Rightarrow stressed\ ES = ES_{R,S} \cdot \max\left\{1, \frac{ES_{F,C}}{ES_{R,C}}\right\}$$

위의 산식에서 ES가 아닌 VaR를 사용하면 *stressed VaR*를 산출할 수 있다. 단, 축약 리스크요소들에 의한 *stressed VaR*가 전체 리스크요소들에 의한

*stressed VaR*의 75% 이상이 되어야 하는 제약 조건이 있어 때에 따라 충족하기 어려울 수 있다.

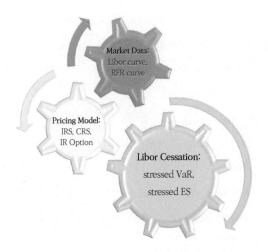

시장리스크 규제 vs. 거래상대방리스크 규제

시장리스크 규제 vs.
거래상대방리스크 규제

본 장에서는 시장리스크 신표준방법 산출 체계를 준용한 거래상대방리스크 글로벌 규제 두 가지를 소개하고자 한다.

첫째, 파생상품 및 증권금융 거래에서 거래상대방 신용리스크를 고려하여 차감하는 가치조정분을 CVA(Credit Value Adjustment)라고 하며, 이러한 CVA 변동 리스크에 대한 규제자본을 산출하는 방법들 중의 하나로 SA-CVA(Standardized Approach-Credit Value Adjustment)가 있다.

둘째, 거래상대방의 계약 불이행 시 발생할 손실을 대비하기 위해 교환하는 개시증거금의 계량 모형인 SIMM(Standard Initial Margin Model)이다.

1. CVA리스크 규제자본

CVA리스크 규제자본 산출방법은 크게 3가지가 있으며 예외적으로 CVA리스크가 중대하지 않은 경우 아래 세 가지 방법이 아닌 단순화된 방법을 적용할 수 있다.

① CVA 기초접근법(Basic Approach: BA-CVA) 축약형
② CVA 기초접근법(Basic Approach: BA-CVA) 완전형
③ CVA 표준방법(Standardized Approach: SA-CVA)

바젤3 시장리스크 신표준방법 산출 체계를 준용한 SA-CVA 사용을 위해서는 금융감독원 승인이 필요하다. 승인 요건은 첫째, 익스포져를 모형화 할 수 있으며 CVA 민감도를 적어도 월 단위로 산출할 수 있어야 한다. 둘째, CVA리스크 관리 및 헤지를 수행하는 CVA데스크를 보유해야 한다. 그러나, 국내 기관 중 CVA데스크를 보유하고 있는 곳은 없어 SA-CVA 방법을 적용할 수 있는 곳은 없어 보인다.

SA-CVA는 시장리스크 신표준방법과 유사하지만 비교적 적은 종류의 리스크 요소를 인식하며 커버쳐리스크, 부도리스크, 잔여리스크를 포착하지 않는 차이점이 있다.

구체적으로 사용되는 리스크군을 보면 CVA리스크 특성에 맞게 신용스프레드리스크를 기초자산과 거래상대방으로 구분하여 적용하고 있으며 일부 버킷 또는 위험가중치 설정에 있어 소소한 차이가 있다.

[표 10-1]은 SA-CVA와 신표준방법의 차이점을 간략히 정리한 내용이다.

표 10-1 SA-CVA vs. 신표준방법

	SA-CVA 델타	SA-CVA 베가	신표준방법과 비교
1	금리리스크	금리리스크	고유동성 통화 기준 위험가중치 설정
2	외환리스크	외환리스크	
3	신용스프레드리스크 (기초자산)	신용스프레드리스크 (기초자산)	신용(비유동화)과 유사
4	주식리스크	주식리스크	
5	상품리스크	상품리스크	
6	신용스프레드리스크 (거래상대방)		신용(비유동화) 대비 버킷 단순화

최종적인 CVA리스크 규제자본 산출은 시장리스크 규제자본 산출과 상이하며 구체적인 산식은 금융감독원 [바젤III 최종안 기준 시장리스크 규제 체계 기준서 50.53]에 명시되어 있으니 해당 기준서를 참고하면 좋을 듯하다.

2. 개시증거금(SIMM)

변동증거금이 파생상품 시가평가금액 변동에 의해 발생 가능한 손실을 대비하기 위해 교환하는 금액이라면 개시증거금은 거래상대방의 계약불이행 시 발생할 손실을 대비하기 위해 교환하는 금액을 말한다.

개시증거금 산출은 IOSCO(International Organization of Securities Commissions: 국제증권 감독기구) 규제에서 제시하는 표준개시증거금 산출모형(이하, 표준모형) 및 금융회사 자체 또는 제3기관이 개발한 계량 포트폴리오 모형(이하, 계량 모형)을 사용할수 있다. 대표적인 계량 모형인 SIMM(Standard Initial Margin Model)은 국제 스왑 파생상품 협회(ISDA: International Swaps and Derivatives Association)에서 개발한 것이다.

개시증거금 산출은 "상품 분류 → 상품별 위험분류 → 위험 버킷별 민감도 산출" 단계로 진행되며 산식은 다음과 같다.

$$IM_x = DeltaMargin_x + VegaMargin_x + CurvatureMargin_x + BaseMargin_x$$

$$SIMM_{product} = \sqrt{\sum_r IM_r^2 + \sum_r \sum_{s \neq r} \Psi_{rs} IM_r IM_s}$$

$$SIMM = SIMM_{RatesFX} + SIMM_{Credit} + SIMM_{Equity} + SIMM_{commodity}$$

[그림 10-1]은 SIMM에 의한 개시증거금 산출 과정을 예시로 나타낸 것으로

그림 10-1 개시증거금 산출모형(SIMM)

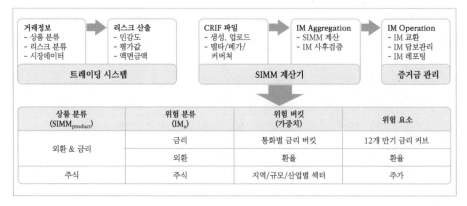

거래정보 - 상품 분류 - 리스크 분류 - 시장데이터	리스크 산출 - 민감도 - 평가값 - 액면금액		CRIF 파일 - 생성, 업로드 - 델타/베가/ 커버처	IM Aggregation - SIMM 계산 - IM 사후검증		IM Operation - IM 교환 - IM 담보관리 - IM 레포팅
트레이딩 시스템			SIMM 계산기			증거금 관리

상품 분류 ($SIMM_{product}$)	위험 분류 (IM_x)	위험 버킷 (가중치)	위험 요소
외환 & 금리	금리	통화별 금리 버킷	12개 만기 금리 커브
	외환	환율	환율
주식	주식	지역/규모/산업별 섹터	주가

국내 금융기관들의 경우 신용 파생 거래나 상품 파생 거래가 활성화되어 있지 않아 예시에서 제외되어 있다.

[그림 10-2]는 개시증거금 산출 과정에 대한 이해를 돕기 위해 top-down 방식으로 도식화한 것이다. 그러나, 실제 연산은 신표준방법과 동일하게 bottom-up 방식으로 이루어지게 된다.

[그림 10-2] 개시증거금 산출 단계

마지막으로, SIMM은 시장리스크 신표준방법 산출 체계를 준용하였지만 몇 가지 차이가 있다. SIMM은 베가리스크를 이용하여 커버쳐리스크를 산출하며 부도리스크나 잔여리스크가 없다는 면에서 산출 체계는 상대적으로 가볍다. 그 외에도 신표준방법은 신용스프레드 리스크군을 비유동화, 유동화(CTP 제외), 유동화(CTP) 3개로 구분하는 반면 SIMM에서는 Credit Qualifying과 Credit Non-qualifying 2개로 구분하고 있다. 또한 SIMM은 신표준방법 민감도인 델타, 베가, 커버쳐 외에 base correlation에 대한 민감도를 추가로 산출한다. Base correlation 1% 변화에 대한 평가값 차이인 BC01은 Credit Qualifying 리스크군만 해당된다.

[표 10-2]는 시장리스크 신표준방법과 개시증거금(SIMM)과의 차이를 비교 정리한 내용이다.

표 10-2　신표준방법 vs. 개시증거금(SIMM)

구분	신표준방법	개시증거금(SIMM)
최종 산출 단위	기관별	거래상대방별
산출 대상	트레이딩 포지션 전체	중앙청산소에서 청산되지 않는 모든 장외파생상품(단, 실물 결제되는 외환선도/스왑, 통화스왑, 상품선도, 주식옵션은 제외)
상품군	해당사항 없음	4개 [금리와 외환, 주식, 신용, 상품]
리스크군	7개 [금리, 신용(비유동화), 신용(유동화: Non-CTP), 신용(유동화: CTP), 주식, 상품, 외환].	6개 [금리, 신용(Qualifying), 신용(Non-Qualifying), 주식, 상품, 외환]
리스크 측정	3개 [델타, 베가, 커버쳐]	4개 [델타, 베가, 커버쳐, Base Correlation에 대한 민감도]
델타 민감도 산출	변동폭(1% 또는 1bp)으로 나눔	변동폭(1% 또는 1bp)으로 나누지 않고 위험가중치에 반영(신표준방법 위험가중치와 스케일에 차이 발생)

146

CTP 소개

CTP 소개

국내 금융기관들에게는 다소 생소한 개념인 CTP가 바젤3 시장리스크 규제 체계에서는 빈번하게 등장한다. 유동화포지션의 신용스프레드 리스크를 인식하기 위해 리스크군을 CTP와 Non-CTP로 이원화하고 있다. 또한 신표준방법을 적용하지 못하는 경우 대안이 될 수 있는 간편법을 쓰기 위한 조건으로 CTP 포지션을 보유하지 말아야 한다고 바젤 기준은 명시하고 있다.

이에 본 장에서는 CTP(상관관계 트레이딩 포트폴리오)가 무엇인지, 상관관계란 무슨 상관관계를 말하는 것인지, 관련 금융상품과 트레이딩 전략은 무엇이 있는지 간단히 소개하고자 한다.

1. 정의

신용파생상품에서 상관관계는 자산상관관계(asset correlation)와 부도상관관계(default correlation) 두 가지가 있다. 자산상관관계는 자산수익률 상관관계를 말하며 부도상관관계는 일정 기간 안에 두 회사가 동시에 부도가 발생할 수 있는 경향을 측정하는 기준으로 신용리스크 분산효과를 분석할 때 사용하는 중요한 지표이다.

부도상관관계를 트레이딩 할 수 있는 대표적인 신용파생상품으로 바스켓 신용부도스왑과 합성담보부증권 등이 있다. 즉, 유동성이 풍부한 준거자산들로 구성된 포트폴리오를 담보로 하는 상품들을 상관관계 트레이딩 포트폴리오라고 한다.

바젤 기준서에 의하면 아래와 같이 상관관계 트레이딩 포트폴리오는 특정 조건들을 충족하는 유동화포지션이거나 이러한 유동화포지션을 헤지하는 비유동화포지션을 말한다.

---

(1) 다음 요건을 모두 충족하는 유동화포지션
   (a) 재유동화포지션이 아니며, 유동화 트렌치의 이익을 일정 비율로 분배하지 않는 유동화 익스포저의 파생상품 포지션 또한 아니다. 여기서 유동화포지션이란 신용리스크 규제 체계와 동일하다.
   (b) 모든 준거자산이 단일 기초자산 신용파생상품 등 유동성이 충분한 양방향 시장이 존재하는 단일 기초자산 상품으로, 해당 준거자산들에 대한 지수 또한 포함한다.
   (c) 신용리스크 표준방법의 소매, 주거용 담보 익스포저 또는 상업용 담보 익스포저가 기초자산이 아니다.
   (d) 특수목적기구에 대한 청구권이 기초자산이 아니다.
(2) 위 포지션을 헤지하는 비유동화포지션

유동화포지션이 충족해야 하는 조건들을 보면 신용파생상품에 대한 이해도가 부족한 경우 매우 생소하게 보일 수 있어 예시를 통해 부연 설명을 하면 다음과 같다.

   첫째, Synthetic CDO Squared 같은 재유동화포지션은 안 되며 트렌치를 기초자산으로 하는 옵션 상품도 트렌치 이익을 일정 비율로 분배하는 손익구조가 아니므로 해당되지 않는다.

   둘째, 양방향 시장이 존재하지 않는 기초자산을 포함한 경우는 해당되지 않는다.

   셋째, Loan, RMBS, CMBS, SPV를 기초자산으로 하는 유동화포지션은 해당되지 않는다.

   결국, 이러한 조건들을 모두 충족하면서 시장에서 거래되는 신용파생상품은 합성담보부증권과 바스켓 신용부도스왑이 있다.

2. 부도상관관계

   CTP 내재 부도상관관계는 compound correlation과 base correlation 두 종

류가 있다.

Compound correlation은 신용파생지수(CDX, iTraxx 등) 트렌치의 내재 부도상관관계를 말하며 손실시작점과 손실종료점이 고정되어 있다. 따라서, 동일한 담보 포트폴리오일지라도 상이한 손실시작점과 손실종료점을 갖는 트렌치 상품을 평가하는 데 사용하기에는 한계가 있다.

이를 보완하기 위해 손실시작점은 항상 0이며 손실종료점에 따라 유일한 부도상관관계가 추출되는 base correlation 개념을 도입하였다. Base correlation에 대한 민감도는 신용파생상품의 주요 리스크 측정 기준으로 사용하고 있으며 실례로 개시증거금 SIMM 모형에서 신용파생상품은 델타, 커버쳐, 베가 외에 base correlation 민감도를 측정해야 한다.

[그림 11-1]은 iTraxx Europe IG 트렌치에 대한 부도상관계수를 도식화한 것으로 compound correlation과 상이하게 base correlation은 손실종료점에 비례하여 부도상관계수가 증가하게 된다. 이러한 특징으로 인하여 신용파생상품 부도상관계수는 compound correlation이 아닌 base correlation을 실무적으로 사용하게 된다.

참고로 iTraxx라는 신용파생상품 지수는 유럽, 아시아, 신흥시장의 신용부도

그림 11-1 손실종료점과 부도상관계수 관계

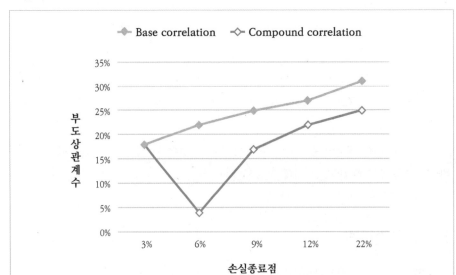

스왑 지수들을 총칭하는 것으로 지역별, 신용도 기준으로 세분화된다. iTraxx Europe IG 지수는 유럽 지역의 투자등급에 해당하는 125개 기업들로 구성되어 있다.

3. 상품

CTP 상품인 바스켓 신용부도스왑과 합성담보부증권을 간략히 소개하면 다음과 같다.

신용부도스왑은 신용보장매입자가 준거자산의 신용위험을 전가하기 위해 신용보장매도자에게 일정 수수료를 지급하고, 준거자산 신용사건 발생 시 신용보장매도자가 신용보장매입자에게 손실금액을 지급하는 거래를 말한다.

이때 준거자산이 바스켓으로 구성되어 있는 경우를 "바스켓 신용부도스왑"이라 하며 바스켓 중 N번째 신용사건이 발생한 경우 손실금액 지급이 발생하는 거래를 N차 부도종결(Nth-to-Default) 바스켓 신용부도스왑이라 한다.

부채담보부증권(CDO: Collateralized Debt Obligation)은 담보 포트폴리오의 법적 소유권이 유동화전문회사로 이전되는 반면, 합성담보부증권(Synthetic CDO)은 자산 소유자가 자산을 소유하면서 자산과 관련된 신용위험만 제3자에게 넘겨 유동화되는 차이점이 있다. 일반적으로 여러 개의 트렌치로 발행되는 특징이 있으며 1개의 트렌치로 발행되는 bespoke CDO도 있다.

4. 트레이딩 전략

부도상관관계에 대한 신용파생상품의 가격 민감도는 상품별로 상이하다. 이러한 특징을 활용하여 수익을 창출할 수 있는데 실제 어떠한 트레이딩 전략이 있는지 알아보자.

매입 포지션이란 스프레드를 수취하는 보장매도자(protection seller)를, 매도 포지션이란 스프레드를 지급하는 보장매입자(protection buyer)를 말한다.

전략1: Equity 트렌치 매입 포지션 + Senior 트렌치 매도 포지션

동일한 담보 포트폴리오라 하더라도 트렌치에 따라 부도상관계수에 대한 민감도는 상이한 특징이 있다. 가장 손실위험이 높은 equity 트렌치 스프레드는 부도상관계수에 대하여 음의 민감도를, senior 트렌치 스프레드는 부도상관계수에 대하여 양의 민감도를 갖는다.

부도상관계수가 증가한다는 것은 담보 포트폴리오를 구성하는 준거자산들이 함께 망하거나 함께 흥한다고 생각할 수 있다. 함께 망하는 경우 담보 포트폴리오에서 발생한 손실분은 equity 트렌치, mezzanine 트렌치, senior 트렌치 모두에게 전가될 확률이 높아지므로 senior 트렌치 예상손실은 증가하게 되어 스프레드도 증가하게 된다. 반면 부도상관계수가 증가하는 것은 함께 흥할 확률도 증가하게 되므로 equity 트렌치 예상손실은 감소하게 되어 스프레드는 감소하게 된다. Mezzanine 트렌치는 손실시작점과 손실종료점에 따라 양분화 되어 있는 효과의 최종 결과가 상이할 수 있어 민감도 부호는 경우에 따라 다르다.

미래 금융시장이 악화되어 기업들 간 부도상관계수 증가를 예상할 경우, equity 트렌치 스프레드는 감소하고 senior 트렌치 스프레드는 증가할 것이다. 그렇다면, 현재 equity 트렌치 스프레드는 미래 대비 상대적으로 가치가 높으므로 매입 포지션을 취하고 반대로 senior 트렌치 스프레드는 미래 대비 상대적 가치가 낮으므로 매도 포지션을 취하면 된다.

여기서, 트렌치 매입(매도) 포지션은 거래시점 스프레드 대비 시장 스프레드가 감소(증가)하면 평가이익이 증가한다는 사실을 인지하고 있어야 트레이딩 전략을 올바른 방향으로 설정할 수 있다. 안 그러면 엉뚱하게 손실이 발생하는 방향으로 포지션을 구축할 수 있으니 유의해야 한다.

따라서, 부도상관계수 증가를 예상한다면 equity 트렌치 매입 포지션과 senior 트렌치 매도 포지션으로 구성된 correlation trading portfolio로 수익창출의 기회를 포착할 수 있다.

전략2: CDS 매입 포지션 + BDS(Basket Default Swap) 매도 포지션

BDS를 구성하는 개별 준거자산 각각에 대한 CDS 스프레드를 수취하고 BDS 스프레드를 지급하여 일정 스프레드 차이로 수익을 창출할 수 있다. 본 트레이딩 전략은 BDS 구성 준거자산들 중 특정 준거자산에서 신용사건이 발생할 경우, CDS 매입 포지션으로 인해 지급해야 할 준거자산 손실금액을 BDS 매도 포지션으로 인해 수취하게 되는 금액으로 상계시키는 것이다.

전략3: 신용파생지수 equity 트렌치 매입 포지션 + 신용파생지수 매도 포지션

신용파생지수에는 대표적으로 CDX, iTraxx 등이 있으며 본 트레이딩 전략은 equity 트렌치 스프레드와 지수 스프레드 차이로 수익을 창출하고 지수 CS01과 지수 트렌치 CS01이 상계되어 리스크를 관리할 수 있다.

신용파생지수 equity 트렌치 스프레드는 신용파생지수 스프레드보다 높기 때문에 스프레드 차이로 수익이 발생한다. 특히, 향후 부도상관계수 증가를 예상할 경우 신용파생지수 equity 트렌치 매입 포지션 평가이익은 증가하지만 신용파생지수 매도 포지션 평가이익은 부도상관계수와 연동되지 않으므로 추가 수익이 발생할 수 있다.

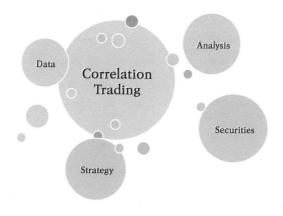

바젤3 QIS 양식

바젤3 QIS 양식

본 장에서는 바젤3 시장리스크 신표준방법 규제 체계 도입으로 인한 영향도 분석을 위해 BCBS가 금융권에 요구하고 있는 QIS 양식을 소개하고자 한다. QIS 양식은 신표준방법 산출 체계에 대한 이해도를 높이는 데 조금이나마 도움이 될 수 있으리라 생각된다.

1. 바젤2.5(구표준방법 및 구내부모형)

표 12-1 | QIS양식(구표준방법 및 구내부모형)

Capital requirement	규제자본
a) Standardised approach(SA), of which	a) 표준방법
Interest rate risk, of which	금리 리스크
Total general interest rate risk	금리 일반시장리스크
Total specific interest rate risk, of which	금리 개별리스크
Non-securitisation instruments	비유동화
Securitisation instruments	유동화
Correlation trading portfolio	CTP
Additional requirements for option risks for debt instruments (non-delta risks)	금리 옵션리스크 (감마, 베가)

Equity position risk, of which	주식 리스크
Total general equity risk	주식 일반시장리스크
Total specific equity risk	주식 개별리스크
Additional requirements for option risks for equity instruments (non-delta risks)	주식옵션리스크 (감마, 베가)
Foreign exchange risk, of which	환율 리스크
Total general foreign exchange risk	환율 일반시장리스크
Additional requirements for option risks for FX instruments (non-delta risks)	환율 옵션리스크 (감마, 베가)
Commodity risk, of which	상품 리스크
Total general commodity risk	상품 일반시장리스크
Additional requirements for option risks for commodity instruments (non-delta risks)	상품 옵션리스크 (감마, 베가)
b) Internal models approach (IMA), of which:	b) 내부모형
Internal models approach (VaR and SVaR-based measures), actual capital requirement	내부모형(VaR, SVaR), 실제 규제자본
Current 10-day 99% value-at-risk (without applying the multiplier)	VaR(99%, 10d, 부가승수 반영 전)
10-day 99% stressed value-at-risk (without applying the multiplier)	SVaR(99%, 10d, 부가승수 반영 전)
Incremental risk charge	개별리스크
Comprehensive risk measure	상관관계포트폴리오 개별리스크
Risks not in VaR	VaR에 미포함된 리스크
c) Other	c) 기타
Total capital requirement for market risk	시장리스크 규제자본 총합

[표 12-1]은 바젤2.5 시장리스크 규제자본 구성 요소들을 파악할 수 있는 양식으로 금융기관별로 채워지는 부분이 상이하다.

구표준방법을 보면 금리, 주식, 환율, 상품 크게 4개 리스크군으로 구성되어 있으며 옵션상품의 감마와 베가를 분리하여 포착하는 옵션리스크가 리스크군별로 집계하도록 되어 있다.

구내부모형은 VaR(stressed VaR 포함)로 결정되는 자본 외에 IRC, CRM을 분리하여 산출하도록 되어 있다. IRC는 구내부모형 기준 개별리스크를 말하며 CRM

은 상관관계 포트폴리오 개별리스크를 말한다. 국내 금융기관들 중에서 시장 개별리스크 내부모형 승인을 받은 곳이 없기 때문에 IRC와 CRM 관련 규제자본은 모두 0이다.

2. 바젤3(신표준방법)

신표준방법 규제자본은 중간 산출물이 매우 많아 어느 수준의 산출물까지 관리해야 하는지 의사결정이 필요할 수 있다. [표 12-2]부터 [표 12-7]까지의 바젤3 QIS 양식은 적어도 어느 수준의 중간산출물이 관리 및 점검되어야 하는지 보여주고 있다.

[표 12-2]는 신표준방법 기준 민감도기반리스크, 잔여리스크, 부도리스크 세 개 영역으로 구분하여 단순 합산하는 규제자본 세부 항목들을 보여주고 있다.

표 12-2 QIS양식(신표준방법: 전체)

Revised SA	신표준방법
SBM capital requirement	민감도기반리스크 규제자본
Delta	델타
General interest rate risk	일반 금리 리스크
Credit spread risk	신용스프레드 리스크
Equity risk	주식 리스크
Commodity risk	상품 리스크
Foreign exchange risk	환율 리스크
Vega	베가
General interest rate risk	일반 금리 리스크
Credit spread risk	신용스프레드 리스크
Equity risk	주식 리스크
Commodity risk	상품 리스크
Foreign exchange risk	환율 리스크
Curvature	커버쳐
General interest rate risk	일반 금리 리스크
Credit spread risk	신용스프레드 리스크
Equity risk	주식 리스크
Commodity risk	상품 리스크
Foreign exchange risk	환율 리스크

Residual risk for prepayment	잔여리스크(조기상환) 규제자본
Residual risk add-on (excluding prepayment)	잔여리스크(조기상환 제외) 규제자본
Gap risk	갭 리스크
Correlation risk	상관관계 리스크
Behavioural risk	행동 리스크
Risk from an exotic underlying	이색 기초자산 관련 리스크
Default risk capital requirement	부도리스크 규제자본
Total capital requirement for market risk	시장리스크 규제자본 총합

민감도기반리스크는 리스크군별 버킷 단위로 델타, 베가, 커버쳐 산출이 필요한데 바젤3 QIS에서는 이러한 세부 결과 자료를 요청한다.

[표 12-3]은 금리 리스크군에 대한 민감도기반리스크 규제자본 양식으로 버킷별 민감도 결과는 상관계수 시나리오 3가지에 대하여 각각 요청하고 있다. 금리 외에 주식, 신용스프레드, 상품도 유사하게 리스크군별 버킷 단위 산출물을 요구한다.

표 12-3 QIS양식(신표준방법: 금리 리스크군)

Bucket (Currency)	Delta risks Kb			Vega risks Kb			Curvature risks Kb		
	Medium	High	Low	Medium	High	Low	Medium	High	Low
USD									
EUR									
JPY									
GBP									
AUD									
CHF									
CAD									
HKD									
SEK									
KRW									
⋮									

[표 12-4]는 외환 리스크군에 대한 민감도기반리스크 규제자본 양식으로 델타 및 커버쳐 버킷은 통화 기준으로, 베가 버킷은 통화쌍 기준으로 구분되는 것으로 보여준다.

표 12-4 QIS양식(신표준방법: 외환 리스크군)

Delta risks			Vega risks				Curvature risks			
Bucket (Currency)	ΣWS	Bucket (Currency pair)	Kb			Bucket (Currency)	Kb			
			Medium	High	Low		Medium	High	Low
EUR		USD / EUR				EUR			
JPY		USD / JPY				JPY			
GBP		USD / GBP				GBP			
AUD		USD / AUD				AUD			
CAD		USD / CAD				CAD			
CHF		USD / CHF				CHF			
MXN		USD / MXN				MXN			
CNY		USD / CNY				CNY			
NZD		USD / NZD				NZD			
RUB		USD / RUB				RUB			
HKD		USD / HKD				HKD			
SGD		USD / SGD				SGD			
TRY		USD / TRY				TRY			
KRW		USD / KRW				KRW			
SEK		USD / SEK				SEK			
ZAR		USD / ZAR				ZAR			
INR		USD / INR				INR			
NOK		USD / NOK				NOK			
BRL		USD / BRL				BRL			
SAR		USD / SAR				SAR			
USD		USD / AED				USD			
AED		EUR / JPY				AED			
ARS		EUR / GBP				ARS			
BGN		EUR / CHF				BGN			
CZK		EUR / ZAR				CZK			
IDR		JPY / AUD				IDR			
⋮		⋮				⋮			

[표 12-5]는 리스크군별 3개 상관계수 시나리오에 의한 규제자본 결과 및 최종 선택된 시나리오 기준으로 리스크군별 규제자본 결과를 보여주도록 하고 있다.

표 12-5 QIS양식(신표준방법: 상관계수 시나리오)

Risk class	Medium	High	Low	Selected correlation scenario	SbM capital requirement under the selected scenario
A) General interest rate risk					
B) Credit spread risk: non-securitisations					
C) Credit spread risk: securitisations(non-CTP)					
D) Credit spread risk: securitisations(CTP)					
E) Equity risk					
F) Commodity risk					
G) Foreign exchange risk					

[표 12-6]은 부도리스크 규제자본의 세부내역으로 3개 리스크군(비유동화, CTP 제외 유동화, CTP 유동화) 각각에 대한 규제자본이 필요하다. 추가로 비유동화는 지정된 3개 버킷(기업, 정부, 지방자치단체)으로 구분된 규제자본이 필요하다.

표 12-6 QIS양식(신표준방법: 리스크군별 부도리스크)

Category	Capital requirement
Non-securitization	A(＝A1＋A2＋A3)
Corporates	A1
Sovereigns	A2
Local governments and municipalities	A3
Securitization (non-CTP)	B
Securitization (CTP)	C
Total	A＋B＋C

[표 12-7]은 비유동화 부도리스크 규제자본 구성 내역을 좀 더 자세히 보기 위한 것으로 버킷별로 표준신용등급에 따라 순JTD 결과가 도출되기 전인 순 long JTD 와 순 short JTD 규제자본 값이 필요하다.

표 12-7 QIS양식(신표준방법: 비유동화 신용등급별 부도리스크)

Credit quality category	Corporates		Sovereigns		Local governments and municipalities	
	Net long JTD	Net short JTD	Net long JTD	Net short JTD	Net long JTD	Net short JTD
AAA						
AA						
A						
BBB						
BB						
B						
CCC						
Unrated						
Defaulted						

▌바젤3 시장리스크

바젤3 산출방법 선택 시 이슈

바젤3 산출방법 선택 시 이슈

구표준방법에서 신표준방법으로 변경 적용해야 하는 수많은 금융기관들에 대한 과제는 앞서 다양하게 언급하였다. 본 장에서는 구내부모형에서 신표준방법 또는 신내부모형으로 변경 적용할 경우 예상되는 이슈들을 점검해 보고자 한다.

1. 구내부모형에서 신표준방법으로 변경

구내부모형을 적용하는 국내 은행들조차 2023년부터 신표준방법 산출이 필요하다. 왜냐하면 신내부모형 적용을 준비한다 하더라도 데스크별 fallback으로 신표준방법 산출이 요구되고 있기 때문이다. 현실적으로도 2023년부터 신내부모형 적용을 하는 것은 시간상, 제도적으로 어려워 보이기 때문에 당분간 공식적인 규제자본 산출은 신표준방법을 적용해야 할 것이다.

2021.6월 바젤3 시장리스크 규제 체계를 반영한 은행업감독업무시행세칙 초안이 나오지 않은 상황에서 국내기관들이 시스템을 개발하고 신내부모형을 금융감독원으로부터 승인을 받는 것은 불가능하다. 금융감독원의 신내부모형 승인조건 명시가 선행되어야 함과 동시에 실제 시스템 운영을 통해 1년간의 사후검증 및 손익요인분석 보고서 작성이 필요하기 때문이다.

구내부모형에서 신표준방법으로 전환될 경우 기관마다 규제자본 증감이 상이할 것이다. 그러나, 2012년부터 시행된 stressed VaR를 추가적으로 도입한 바젤2.5는 시장리스크 구내부모형 적용 기관들이 힘들게 내부모형을 사용해야 하는 동기부여를 매우 감소시킨 상황이다. 왜냐하면 일부 기관들의 경우 구표준방법 규제자본이 구내부모형 규제자본보다 적게 산출되는 경우가 나타나고 있기 때문이다. 또한 stressed VaR 산출을 위한 위기상황기간에 관측되지 못하는 시장리스크요소의 경우, 금융감독원 내부모형 승인이 결코 쉽지 않아 금융기관들 입장에서는 규제자본 관리가 매우 어려운 것이 현실이다.

최초 바젤3 시장리스크 신표준방법 규제 체계는 높은 위험가중치로 인해 규제자본 증가폭이 매우 클 것으로 예상했다. 그러나 2012년 1차 초안에서부터 2019년 4차 최종본까지 수차례 수정 작업을 통해 결정된 최종 신표준방법은 최초 예상보다는 효과가 다소 경감되어 급격한 규제자본 증가는 피할 수 있어 보인다.

물론, 유가증권 포지션 비중이 높은 기관은 신표준방법 규제자본이 높게 산출될 수 있어 선제적인 시뮬레이션 및 포지션 관리 방향 설정이 필요하다.

2. 구내부모형에서 신내부모형으로 변경

신내부모형에서 사용할 수 있는 리스크요소 적격 요건들 중의 하나는 2007년을 포함한 역사적 시장 데이터가 존재하는 것이다. 그러나, 2021년 말 Libor 시장호가는 중단되며 이러한 Libor 대체 무위험금리인 RFR의 호가는 최근 몇 년 전부터 존재한다. 따라서 대표적인 무위험금리를 리스크요소로 신내부모형에 적용하기 위해서는 별도의 대안이 필요한 상황이다.

실제, 2021년 말 리보 고시 중단 사태와 2023년 초 도입 예정인 바젤3 시장리스크 규제 체계는 충돌할 것을 알면서도 서로 달려오는 두개의 화물열차와 같아 이러한 혼란에 대하여 많은 이슈들이 논의되고 있다.[1]

향후 신내부모형 도입을 계획하고 있는 기관들의 경우 준비해야 할 사항들은 매우 많으며 준비 기간도 결코 짧지 않을 것으로 예상된다. 본 책에서는 신내부모형에서 새로 도입되는 개념들을 간략히 소개해 보도록 하겠다.

신내부모형에서 도입된 주요 개념들은 다음과 같다.

---

1) Risk.net "Libor Transition and FRTB: Two Freight Trains Heading for Collision"

- 리스크요소별 유동성 시계(Liquidity Horizon) 차등 적용
- ES(Expected Shortfall: VaR를 초과하는 손실) 도입
- 데스크별 내부모형 승인
- Stressed ES 기준으로 규제자본 산출
- 엄격한 리스크요소 적격성 테스트
- 모형화 불가능한 리스크요소에 대한 스트레스 시나리오 기반 규제자본 부과
- 사후검증초과 관련 손익요인분석
- 2개의 체계적 리스크요소로 설명하는 부도리스크 모형

2.1. 유동성 시계

신용리스크나 운영리스크 규제자본 시계가 1년인 반면 시장리스크 규제자본 시계는 바젤2.5까지 10일을 가정해 왔다. 물론 구내부모형 기준 개별시장리스크 자본 시계는 1년이지만 국내 금융기관들은 개별시장리스크를 표준방법으로 적용하고 있어 이에 대하여 다소 낮설게 느껴질 것이며 일반시장리스크를 10일로 산출하고 있다는 사실에 더욱 친숙할 것이다.

그러나 글로벌 금융위기에 포착된 사실은 트레이딩 포지션도 시장상황에 따라 10일 내에 포지션을 청산하기가 쉽지 않다는 것이다. 이러한 시장유동성리스크(market liquidity risk)를 인식한 이후 바젤3 시장리스크 규제자본 산출에서는 리스크요소에 따라 차등 적용되는 유동성 시계를 도입하였다.

[표 13-1]은 신내부모형에서 리스크요소별 유동성 시계를 5개(10, 20, 40, 60, 120일)로 구분하고 있음을 보여준다. 기존 10일과 동일하게 유지되는 것은 대표 통화 금리 및 국내 통화 금리, 대형주 주식, 고유동성 통화쌍 외환 정도이며 그 외의 것은 모두 유동성 시계가 증가된 것을 알 수 있다. 신용스프레드 변동성이나 신용스프레드 기타의 경우 유동성 시계는 120일까지 증가된 것을 알 수 있다.

표 13-1 리스크요소별 유동성 시계(신내부모형)

리스크요소 유형	유동성 시계(일)
금리-은행 국내통화, EUR, USD, GBP, AUD, JPY, SEK, CAD	10
금리-기타 통화	20
금리-변동성	60
금리-기 타	60
신용스프레드-투자등급 국채	20
신용스프레드-투기등급 국채	40
신용스프레드-투자등급 회사채	40
신용스프레드-투기등급 회사채	60
신용스프레드-변동성	120
신용스프레드-기 타	120
주식-대형주 주가	10
주식-소형주 주가	20
주식-대형주 변동성	20
주식-소형주 변동성	60
주식-기 타	60
외환-고유동성 통화쌍	10
외환-기타 통화쌍	20
외환-변동성	40
외환-기 타	40
일반상품-에너지, 탄소배출권 거래 가격	20
일반상품-귀금속, 비철금속 가격	20
일반상품-기타 일반상품 가격	60
일반상품-에너지, 탄소배출권 거래 변동성	60
일반상품-귀금속, 비철금속 변동성	60
일반상품-기타 일반상품 변동성	120
일반상품-기 타	120

신내부모형 리스크요소별 유동성 시계 차이는 신표준방법 리스크요소별 위험가중치 차이와 나름 일관성이 보인다. 대표통화금리 유동성 시계가 기타통화금리 유동성 시계의 1/2배인 것이나 고유동성 통화쌍 외환 유동성 시계가 기타 통화

쌍 외환 유동성 시계의 1/2배인 것은 신표준방법에서 위험가중치를 $1/\sqrt{2}$ 배로 조정하는 것과 동일하다. 유동성 시계가 분산 개념에 대응된다면 위험가중치는 표준편차 개념에 대응되므로 제곱근이 된다.

리스크군별로 기초자산 가격보다 기초자산 변동성에 높은 유동성 시계를 적용하고 있는데 이는 금융시장에서 변동성을 거래하기 위한 옵션 상품의 유동성이 현물 유동성보다 부족한 것을 반영한 결과이다.

2.2. ES

VaR 산출 시 가정하는 신뢰수준 99% 의미는 1% 확률로 발생하는 극단적인 손실은 고려하지 않겠다는 것이다. 그러나 VaR는 서브프라임 글로벌 금융위기 시 시장충격으로 인해 발생된 손실을 설명하지 못하는 한계를 드러냈다. 이에 고려하지 않는 1%에서 발생하는 손실 부분을 규제자본으로 인식하기 위해 기존 VaR 개념을 버리고 ES 개념을 도입하였다.

단, 신뢰수준을 99%에서 97.5%로 하향 조정하였다. 손익 분포가 정규분포를 따른다면 ES(97.5%)는 기존 VaR(99%)와 유사한 수준이 되나 두터운 꼬리(fat tail)가 있게 되면 ES(97.5%)는 VaR(99%)보다 크게 된다.

또한, 자본 시계를 10일로 가정한 구내부모형과는 다르게 리스크요소별 유동성 시계를 차등 적용하여 최종 ES를 산출하는 차이가 있다.

[표 13-2]는 VaR와 ES를 비교 정리한 표이니 참고하면 좋을 듯하다. 한가지 생소한 단어인 coherent risk measure가 등장하는데 VaR는 해당되지 않지만 ES는 해당된다. 실무적으로는 잘 인식하지 못하지만 VaR가 가지고 있는 단점 중에 하나가 coherent risk measure가 아니라는 것인데 직관적인 이해를 돕기 위해 추가적인 설명을 해 보도록 하자.

예를 들어, 서로 다른 자산 A, B가 있을 때 각각의 VaR를 계산하여 더한 값이 두 자산으로 구성된 포트폴리오 VaR보다 항상 크거나 같아야 할 것이다. 왜냐하면 포트폴리오 분산효과를 고려할 경우 상식적으로 예상되는 결과이기 때문이다. 하지만 특수한 상황에서 VaR는 이러한 상식과 충돌하는 결과를 산출하게 되어 coherent risk measure에 해당되지 않는다. 반면 ES는 어떠한 상황에서도 포트폴리오 분산효과와 일관된 리스크 값을 산출하게 되며 이를 수리적으로 "sub-additive"라고 표현한다.

표 13-2 VaR vs. ES

구분	VaR(Value − at − Risk)	ES(Expected Shortfall)
정의 · 특징	• 신뢰수준(1−α) 이내에서 발생할 수 있는 최대손실예상액 • 비조건부 기대값 • Not coherent risk measure	• VaR 초과 시 발생하는 평균손실예상액 • 손실액이 VaR 이상이 되는 조건부 기대값 • Coherent risk measure • Conditional VaR, Mean Excess Loss, Beyond VaR, Tail VaR 로 불리기도 함
산식		$ES_{1-\alpha}(X) = E[X\|X \geq VaR_{1-\alpha}(X)] = \dfrac{1}{\alpha}\displaystyle\int_{1-\alpha}^{1} VaR_u(X)du$
그림	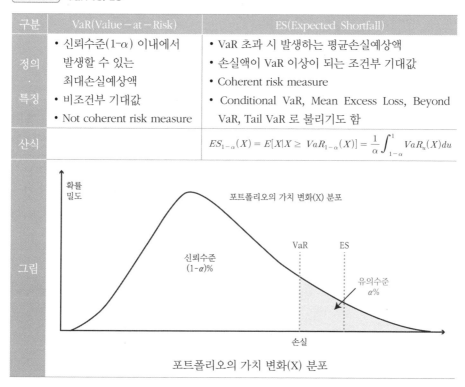	

포트폴리오의 가치 변화(X) 분포

2.3. 데스크별 내부모형 승인

내부모형 승인 기준이 구내부모형은 금융기관 단위였으나 신내부모형은 데스크 단위로 변경되었다. 특히, 신용스프레드와 부도는 밀접하게 관련되어 있으므로 신용스프레드리스크를 가진 트레이딩 포지션을 운용하는 데스크가 신내부모형 승인을 받기 위해서는 부도리스크 역시 신내부모형으로 승인 받아야 한다.

신내부모형 부도리스크를 승인 받기 위해서 국내 금융기관 및 금융감독원이 가야할 길은 매우 험난하다. 그동안 국내 금융기관이 개별리스크 내부모형 승인을 요청한 적이 없는 상황에서 구내부모형 개별리스크보다 훨씬 업그레이드된 신내부모형 부도리스크를 승인 받을 수 있을지 현재는 예측하기 어렵다.

부도리스크가 포함된 유가증권(주식 및 채권) 및 관련 파생상품을 보유한 주식운용데스크, 채권운용데스크, 주식파생데스크, 금리파생데스크 등을 신내부모형으로 사용하기는 용이해 보이지 않는다.

2.4. Stressed ES

바젤2.5에서는 기존 VaR에 sVaR(위기상황하의 최대손실예상액)를 추가로 반영하도록 하고 있으나 이는 규제자본 수준을 높이기 위한 자의적인 개념으로 논리적인 설명을 하기는 쉽지 않았다. 이에 바젤3에서는 "stressed ES" 개념을 도입하여 시장리스크 측정 기준으로 삼고 있다. 그러나 이러한 측정 기준에 의해 산출된 규제자본의 적정성을 점검하기 위한 사후검증에는 여전히 99%, 1일 VaR를 사용해야 한다.

스트레스 기간을 반영하는 stressed ES 산출을 위하여, 금융기관은 관측 기간 중 포트폴리오에서 최대 손실이 발생한 12개월의 스트레스 기간을 설정해야 하는데 이때 적어도 2007년을 포함하여야 한다. 물론 2007년부터 시장데이터가 없는 경우를 고려하여, 시장데이터가 존재하는 리스크요소들만 사용하여 산출한 stressed ES가 최종 stressed ES의 75% 이상을 설명하도록 요구하고 있다. 이러한 강도 높은 요구조건은 내부모형 적용이 가능한 데스크 대상을 줄어들게 하고 있다

스트레스 기간도 바젤2.5 기준 sVaR 측정 시 연단위로 점검하도록 하는 것보다 강화되어 적어도 분기 단위로 스트레스 기간을 점검 및 변경해야 한다.

2.5. 리스크요소 적격성 테스트

바젤2.5 내부모형을 사용하는 금융기관들의 공통적인 어려움은 신규 리스크요소를 내부모형으로 사용하기 위해 금융감독원의 승인을 받는 일이다. 금융상품을 신규로 취급하기 위해 경우에 따라 새로운 기초자산에 대한 리스크요소 추

가가 필요하지만 구내부모형 적용을 위해서는 최근 1년간 시장데이터만이 아니라 sVaR 산출을 위한 2008~2009년 기간 동안의 시장데이터도 필요하다. 그러나 금융시장은 끊임없이 변화하고 새로운 시장 변수가 출현하기 때문에 과거 글로벌 금융위기에 해당 시장데이터가 없을 수 있다. 장기 국채 금리나 장내 선물 시장가격 등이 그 예가 될 수 있다.

바젤3 신내부모형에서 사용할 수 있는 리스크요소는 실제가격(real price)으로 인정받을 수 있어야 한다. 은행의 실제거래에서 체결한 가격, 다른 독립적인 거래상대방 간 실제거래에서 체결된 검증 가능한 가격, 은행 또는 다른 거래상대방이 제시한 공신력 있는 고시가격(제3자인 벤더, 플랫폼, 거래소를 통하여 수집, 검증), 제3자인 벤더가 제공한 가격 중의 하나에 해당되어야 한다.

2.6. 모형화 불가능한 리스크요소(NMRF: Non-Modellable Risk Factor)

특정 데스크 내에서 사용하는 다양한 리스크요소들 중에서 리스크요소 적격성을 충족하지 못하는 경우에는 별도의 스트레스 테스트를 통하여 규제자본을 산출해야 한다. 즉 신내부모형의 강점인 상계나 분산효과를 인정받지 못하고 최악의 스트레스 시나리오에서 발생할 수 있는 규제자본을 산출하여 단순 합산하도록 요구하고 있다.

이러한 이유로 글로벌 대형 금융기관들은 신내부모형 적용이 가능한 최적의 트레이딩 데스크 단위로 조직을 재조정하기도 한다. 즉 분리가 가능하다면 신내부모형 리스크요소로 적용이 불가능한 포지션은 신표준방법 적용 데스크로 이전하는 방법이다.

2.7. 손익요인분석(PLA: P&L Attribution Test)

신내부모형 적정성 점검 기준으로 손익요인분석을 제시하고 있으며 은행 전체 기준이 아닌 데스크 기준으로 수행하도록 하고 있다. 바젤3는 내부모형을 지속적으로 사용하는 것이 유효한지 관리 감독하기 위해 손익요인분석을 수행하도록 요구하고 있으며 일정 조건을 충족하지 못하는 경우 언제든지 신표준방법으로 변경할 것을 요구한다.

개별 트레이딩 데스크의 일별 이론손익과 가상손익을 비교하는 과정으로 손익요인분석 목적은 다음과 같다.

(1) 신내부모형 시스템은 프런트 시스템과 비교하여 일부 리스크요소를 누락하거나 가치평가 방법 차이가 있을 수 있다. 손익요인분석을 통하여 내부모형 단순화 정도가 중대한지 여부를 판단할 수 있다.

(2) 단순화 정도가 중대하다고 판단되면 내부모형을 적용하여 규제자본을 산출하는 것이 금지된다.

손익요인분석은 두 가지 검정 통계량을 기초로 하는데 시장리스크 담당자들조차 다소 생소할 수 있는 통계적 기법으로 다음과 같다.

(1) Spearman 상관계수: 이론손익과 가상손익의 상관관계를 평가

(2) KS(Kolmogorov-Smirnov) 검정 통계량: 이론손익 분포와 가상손익 분포 유사성 평가

Spearman 상관계수는 두 데이터의 실제 값 대신 두 값의 순위(rank)를 사용해 상관계수를 계산하는 방식이다. 이는 두 변수 사이의 선형 관계를 평가하는 것이 아니라 단조적(monotonic) 관계를 평가하는 데 사용된다. 직관적으로 순서 관계를 잘 보존할수록 단조적 관계는 높다고 얘기할 수 있다. KS 검정 통계량은 이론손익 경험적 누적분포함수와 가상손익 경험적 누적분포함수 차이 절대값에 대한 최대값을 말하며 손익요인분석에 의한 영역(신호등: 적색, 황색, 녹색) 구분은 다음과 같다.

표 13-3 손익요인분석에 의한 영역구분(신내부모형)

손익요인분석 영역	Spearman 상관계수	KS 검정 통계량
황색 영역 기준	0.80	0.09(p 값: 0.264)
적색 영역 기준	0.70	0.12(p 값: 0.055)

적색 영역인 경우 내부모형 적용이 불가능하며 황색 영역인 경우 적색영역으로 전환되기 전까지 추가 자본을 부과하도록 한다.

2.8. 부도리스크 모형

부도리스크 대표적인 모형은 기업 자산가치가 부채가치보다 하락하는 경우 부도가 발생한 것으로 인식하는 Merton 모형과 같은 구조적모형(Structural Model)이 있으며 부도 인식을 표현하면 [그림 13-1]과 같다.

그림 13-1 부도리스크 모형(Merton Model)

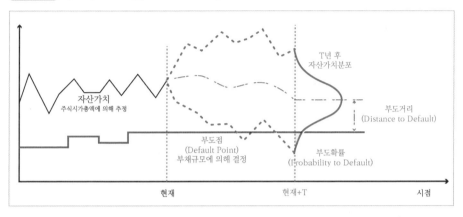

또 다른 하나는 부도와 기업가치와의 연관성은 설명할 수 없지만 체계적 위험에 대한 의존도를 이용하여 부도율 및 부도상관계수를 설명하려고 하는 축약 모형(Reduced Model)이다. 이는 실무적으로 활용되고 있으며 실제 사례가 신용리스크 규제자본 산출에 사용되는 소요자기자본율 K-함수이다.

아래 수식은 K-함수로 참고하면 좋을 듯하다.

$$K=\left\{N\left(\overbrace{\frac{G(PD)+\sqrt{R}\times G(0.999)}{\sqrt{1-R}}}^{\text{손실율의 } VaR \text{ (99.9% 신뢰수준)}}\right)\times LGD-\overbrace{PD\times LGD}^{\text{예상손실}(EL)}\right\}\times\overbrace{\frac{1+(M-2.5)\times b}{1-1.5\times b}}^{\text{만기조정}}$$

여기서,

• $N(x)$: 표준정규분포를 따르는 확률변수의 누적분포함수,

• $G(x)$: $N(x)$의 역함수,

• PD: 부도율,

• R: PD에 따라 변하는 상관계수(단일 요인의 체계적 위험에 대한 상관성 지표),

- *LGD*: 부도손실율,
- *M*: 만기,
- *b*: *PD*에 따라 변하는 유효만기조정 변수

K-함수는 단일 요소의 체계적위험을 가정하는 반면 신내부모형 부도리스크 규제자본은 복수 요소의 체계적위험을 가정하도록 요구하고 있다.

구체적으로 2개 체계적 리스크요소로 설명되는 부도 시뮬레이션 모형을 이용하여 산출한 VaR(보유기간 1년, 신뢰수준 99.9%) 결과를 적용하도록 요구하고 있다. 예를 들어, 부도를 결정하는 체계적 리스크요소로 지역, 산업 등을 지정하여 모형화하는 방안을 고려해 볼 수 있다.

본 책의 서두에서 언급한 적이 있지만 신용리스크 규제자본 산출에 사용되는 K-함수조차 체계적 리스크를 단일 요소로 가정하고 있어 시장리스크 신내부모형 부도리스크 모형 작업은 더욱 고도화를 요구한다.

부도 상관계수 추정도 스트레스 기간을 포함한 과거 10년 신용스프레드 또는 상장주식 가격 데이터를 사용하도록 요구하고 있어 데이터 확보가 주요 이슈 중의 하나이다.

국내 시장리스크 담당자들 중에서 신용리스크에 대한 이해를 바탕으로 부도 리스크 모형 작업을 수행하고 관리할 수 있는 사람이 몇이나 될지 다소 의문이 들 정도로 매우 새로운 업무 영역으로 느껴지는 부분이다.

결정적으로 부도리스크 측정 대상이 되는 주식이나 채권 발행자는 정부, 은행, 기업이 주가 될 것이지만 기업 익스포져에 대하여 LGD(Loss Given Default: 부도 시 손실)까지 신용리스크 내부등급법을 승인 받은 금융기관은 매우 소수일 것이다. 결국 신내부모형 기준으로 부도리스크를 측정하기 위해서는 넘어야 할 산이 너무 많다.

부록

투과법 적용을 위한
주가지수 데이터 정보(예시)

자산편중리스크가 있는 주가지수는 투과법(기초자산접근법) 적용을 위해 지수 구성종목에 대한 비중, 산업 섹터, 표준신용등급 정보가 일별로 필요하며 실제 사례로 KOSPI200과 HSCEI에 대한 정보(로이터 제공 샘플)를 첨부하였다.

○ KOSPI200(삼성전자 비중이 27.29%로 투과법 적용 대상)

	종목 이름	비중	섹터	표준신용등급
1	SAMSUNG ELECTR ORD	27.29%	Phones & Handheld Devices(NEC)	AA-
2	SK HYNIX ORD	4.11%	Semiconductors(NEC)	BBB-
3	NAVER ORD	3.38%	Search Engines	
4	LG CHEM ORD	3.33%	Plastics	BBB+
5	SAMSUNG BIOLOG ORD	3.22%	Biopharmaceuticals	
6	HYUNDAI MOTOR ORD	3.02%	Auto & Truck Manufacturers(NEC)	BBB+
7	CELLTRION ORD	2.41%	Biotechnology & Medical Research(NEC)	
8	KAKAO ORD	2.29%	Online Services(NEC)	
9	SAMSUNG SDI ORD	2.11%	Batteries & Uninterruptable Power Supplies	
10	LG HOUSEHOLD ORD	1.75%	Personal Products(NEC)	
11	HYUNDAI MOBIS ORD	1.48%	Auto, Truck & Motorcycle Parts(NEC)	BBB+
12	KIA MOTORS ORD	1.40%	Auto & Truck Manufacturers(NEC)	BBB+
13	SAMSUNG C&T ORD	1.35%	Diversified Industrial Goods Wholesale	

14	SK TELECOM ORD	1.32%	Wireless Telecommunications Services(NEC)	A-
15	POSCO ORD	1.23%	Iron & Steel(NEC)	BBB+
16	KB FGI ORD	1.13%	Banks(NEC)	A
17	NCSOFT ORD	1.12%	Internet Gaming	
18	LG ELECTRONICS ORD	1.09%	Household Electronics(NEC)	Baa3
19	SK HOLDINGS ORD	1.01%	Oil & Gas Refining and Marketing(NEC)	
20	SAMSUNG SDS ORD	0.93%	Technology Consulting & Outsourcing Services	
21	NETMARBLE ORD	0.92%	Games, Toys & Childrens Vehicles	
22	KOREA ELEC POWER ORD	0.92%	Electric Utilities(NEC)	AA
23	SHINHAN FINANC ORD	0.92%	Banks(NEC)	A
24	SK INNOVATION ORD	0.92%	Oil & Gas Refining and Marketing(NEC)	BBB
25	LG CORP ORD	0.92%	Business Support Services(NEC)	
26	SAMSUNG LIFE ORD	0.83%	Life & Health Insurance(NEC)	
27	KT G ORD	0.79%	Cigars & Cigarette Manufacturing	
28	SKBP ORD	0.79%	Proprietary & Advanced Pharmaceuticals	
29	SAMSUNG EL-MECH ORD	0.73%	Semiconductors(NEC)	
30	AMOREPACIFIC ORD	0.72%	Cosmetics & Perfumes	
31	SAMSUNG FIRE INS ORD	0.63%	Property & Casualty Insurance(NEC)	AA-
32	HANA FINANCIAL G ORD	0.61%	Banks(NEC)	
33	HANWHA SOLUTIONS ORD	0.54%	Photovoltaic Solar Systems & Equipment	
34	LOTTE CHEMICAL ORD	0.53%	Plastics	
35	KOREA ZINC ORD	0.50%	Non-Gold Precious Metals & Minerals(NEC)	
36	HANON SYSTEMS ORD	0.46%	Automotive Systems	
37	S-OIL ORD	0.44%	Oil & Gas Refining and Marketing(NEC)	BBB
38	MIRAE ASSET DW ORD	0.43%	Investment Banking	BBB
39	CJ CHEILJEDANG ORD	0.43%	Ready-Made Meals	
40	WR FINANCIAL GRP ORD	0.43%	Banks(NEC)	
41	KT ORD	0.41%	Integrated Telecommunications Services(NEC)	A-
42	IBK ORD	0.41%	Corporate Banks	AA-
43	COWAY ORD	0.40%	Household Appliances	
44	KOREA SHIPBUILD ORD	0.40%	Shipbuilding(NEC)	
45	HYUNDAI GLOVIS ORD	0.39%	Integrated Logistics Operators	BBB+
46	LG DISPLAY ORD	0.39%	Display Screens	
47	POSCO CHEMICAL ORD	0.36%	Construction Materials(NEC)	

48	ORION ORD	0.35%	Food Processing(NEC)	
49	LG UPLUS ORD	0.35%	Wireless Telecommunications Services(NEC)	
50	KANGWON LAND ORDINARY	0.32%	Casinos	
51	YUHAN ORD	0.30%	Proprietary & Advanced Pharmaceuticals	
52	KUMHO PETROCHEM ORD	0.30%	Tires & Rubber Products(NEC)	
53	AMOREG ORD	0.30%	Cosmetics & Perfumes	
54	KR INV HOLDINGS ORD	0.30%	Investment Banking & Brokerage Services(NEC)	
55	SKCHEMICALS ORD	0.30%	Plastics	
56	HANJINKAL ORD	0.29%	Airlines(NEC)	
57	CJ LOGISTICS ORD	0.29%	Ground Freight & Logistics(NEC)	
58	E-MART ORD	0.28%	Supermarkets & Convenience Stores	BBB-
59	HANKOOK TIR TEC ORD	0.28%	Tire & Tube Manufacturers	BBB
60	LGINNOTEK ORD	0.27%	Electronic Equipment & Parts(NEC)	
61	HANMI SCIENCE ORD	0.26%	Generic Pharmaceuticals	
62	HYUNDAI STEEL ORD	0.24%	Iron & Steel(NEC)	Baa3
63	DOOSAN HEAVY IND ORD	0.24%	Heavy Electrical Equipment(NEC)	
64	HYUNDAI HEAVY IN ORD	0.24%	Oil & Gas Refining and Marketing(NEC)	
65	KOREAN AIR LINE ORD	0.24%	Airlines(NEC)	
66	HYUNDAI ENG&CON ORD	0.23%	Construction & Engineering(NEC)	
67	SAMSUNG HEAVY ORD	0.23%	Shipbuilding(NEC)	
68	HANMI PHARM ORD	0.23%	Generic Pharmaceuticals	
69	SAMSUNG CARD ORD	0.23%	Consumer Lending(NEC)	
70	DB INSURANCE ORD	0.23%	Property & Casualty Insurance(NEC)	A
71	S-1 ORD	0.23%	Security & Surveillance	
72	LOTTE ORD	0.21%	Department Stores(NEC)	
73	SKC ORD	0.21%	Commodity Chemicals(NEC)	
74	GS HOLDINGS ORDINARY	0.21%	Petroleum Refining	
75	HOTEL SHILLA ORD	0.20%	Duty Free Shops	
76	DOOSAN BOBCAT ORD	0.20%	Construction Machinery	Ba3
77	SSANGYONG CEM ORD	0.20%	Construction Materials(NEC)	
78	DAELIM IND ORD	0.20%	Construction & Engineering(NEC)	BBB
79	SAMSUNG SEC ORD	0.19%	Investment Banking & Brokerage Services(NEC)	Baa2

80	NHINVES&SECUR ORD	0.19%	Investment Banking & Brokerage Services(NEC)	Baa1
81	CJ CORP ORD	0.19%	Food Processing(NEC)	
82	GREEN CROSS ORDINARY	0.19%	Pharmaceuticals(NEC)	
83	HANSSEM ORD	0.19%	Furniture	
84	DONG SUH ORD	0.18%	Fishing & Farming Wholesale	
85	HITEJINRO ORD	0.18%	Distillers & Wineries(NEC)	
86	DAEWOO SHIPBUILD ORD	0.18%	Shipbuilding(NEC)	
87	GS RETAIL ORD	0.17%	Supermarkets & Convenience Stores	
88	CHEIL WORLDWIDE ORD	0.17%	Advertising & Marketing(NEC)	
89	HMM ORD	0.17%	Marine Freight & Logistics(NEC)	
90	KOREA GAS ORD	0.16%	Natural Gas Utilities(NEC)	AA
91	LOTTE SHOPPING ORD	0.16%	Department Stores(NEC)	
92	HANWHA ORD	0.16%	Life & Health Insurance(NEC)	
93	FILA HOLDINGS ORD	0.16%	Apparel & Accessories Retailers(NEC)	
94	KOREA AEROSPACE ORD	0.15%	Aerospace & Defense(NEC)	
95	MERITZ SEC ORD	0.15%	Investment Banking & Brokerage Services(NEC)	
96	HYUNDAI MAR&FIRE ORD	0.15%	Casualty Insurance	A-
97	BGF RETAIL ORD	0.15%	Supermarkets & Convenience Stores	
98	OTTOGI ORD	0.14%	Food Processing(NEC)	
99	PANOCEAN ORD	0.14%	Marine Freight & Logistics(NEC)	
100	SAMSUNG ENG ORD	0.14%	Industrial Plant Construction	
101	ILJIN MATERIALS ORD	0.14%	Integrated Circuits	
102	SHINSEGAE ORD	0.14%	General Department Stores	
103	GS CONST ORD	0.14%	Construction & Engineering(NEC)	
104	LS ORD	0.13%	Wires & Cables	
105	NONG SHIM ORD	0.13%	Ready-Made Meals	
106	DOOSAN INFRACORE ORD	0.13%	Heavy Machinery & Vehicles(NEC)	
107	BUKWANG PHARM ORD	0.13%	Generic Pharmaceuticals	
108	CHONGKUNDANG ORD	0.13%	Generic Pharmaceuticals	
109	LS ELECTRIC ORD	0.13%	Heavy Electrical Equipment(NEC)	
110	MANDO ORD	0.12%	Auto, Truck & Motorcycle Parts(NEC)	
111	HAN ALL BIOPHARM ORD	0.12%	Pharmaceuticals(NEC)	
112	HANSOL CHEMICAL ORD	0.12%	Specialty Chemicals(NEC)	
113	HYUNDAI-ROTEM ORD	0.12%	Locomotive Engines & Rolling Stock	

114	BNK FINANCIAL GR ORD	0.12%	Banks(NEC)	
115	POSCO INTER ORD	0.11%	Diversified Industrial Goods Wholesale	
116	DB HITEK ORD	0.11%	Integrated Circuits	
117	HYUNDAI ELEVATOR ORD	0.11%	Elevator & Conveying Equipment	
118	HANKOOK TECH GP ORD	0.11%	Tire & Tube Manufacturers	
119	HYOSUNG CORP ORD	0.11%	Consumer Goods Conglomerates	
120	ILYANG PHARM ORD	0.11%	Generic Pharmaceuticals	
121	YUNGJIN PHARM ORD	0.10%	Pharmaceuticals(NEC)	
122	OCI ORD	0.10%	Commodity Chemicals(NEC)	
123	F F ORD	0.10%	Women's Clothing	
124	HDC OP ORD	0.09%	Construction & Engineering(NEC)	
125	KCC ORDINARY	0.09%	Commodity Chemicals(NEC)	BB+
126	LOTTE FINE CHEM ORD	0.09%	Diversified Chemicals	
127	SK DISCOVERY ORD	0.09%	Petroleum Product Wholesale	
128	HANWHA LIFE ORD	0.09%	Life & Health Insurance(NEC)	A2
129	HANWHA AEROSPACE ORD	0.09%	Aerospace & Defense(NEC)	
130	HYUNDAI DEPT ORD	0.09%	General Department Stores	
131	DOUBLEUGAMES ORD	0.09%	Mobile Application Software	
132	IS DONGSEO ORD	0.09%	Construction & Engineering(NEC)	
133	YOUNGONE ORD	0.09%	Sportswear & Outdoors Clothing	
134	KOREA PETRO CHEM ORD	0.09%	Plastics	
135	DAEWOONG PHARM ORD	0.08%	Generic Pharmaceuticals	
136	KEPCO PLANT S&E ORD	0.08%	Electric Power Plant Construction	
137	GREEN CROSS ORDINARY	0.08%	Pharmaceuticals(NEC)	
138	DAEWOO ENG&CONST ORD	0.08%	Construction & Engineering(NEC)	
139	HYUNDAI MIPO DK ORD	0.08%	Shipbuilding(NEC)	
140	SK NETWORKS ORDINARY	0.08%	Petroleum Product Wholesale	
141	HYUNDAI WIA ORD	0.08%	Auto, Truck & Motorcycle Parts(NEC)	
142	COSMAX ORD	0.08%	Cosmetics & Perfumes	
143	INNOCEAN ORD	0.08%	Advertising & Marketing(NEC)	
144	LOTTE TOUR DEV ORD	0.07%	Travel Agents	
145	KOLON INDUSTRY ORD	0.07%	Textiles & Leather Goods(NEC)	
146	KUMHO TIRE ORDINARY	0.07%	Tire & Tube Manufacturers	
147	KOLMAR KOREA ORD	0.07%	Cosmetics & Perfumes	
148	SHINSEGAE INTER ORD	0.07%	Apparel & Accessories Retailers(NEC)	
149	DOOSAN ORD	0.07%	Consumer Goods Conglomerates	

150	HUCHEMS CHEM ORD	0.07%	Commodity Chemicals(NEC)	
151	ASIANA AIRLINES ORD	0.07%	Airlines(NEC)	
152	FOOSUNG ORD	0.06%	Industrial Gases	
153	DAESANG ORD	0.06%	Food Processing(NEC)	
154	CUCKOO HOMESYS ORD	0.06%	Consumer Goods Rental	
155	YOUNG POONG CORP ORD	0.06%	Integrated Circuits	
156	HD HOME SHOPPING ORD	0.06%	Internet & Mail Order Discount Stores	
157	H.S. ENTERPRISE ORD	0.06%	Sports & Outdoor Footwear	
158	KG DONGBUSTEEL ORD	0.05%	Iron & Steel(NEC)	
159	ORION HOLDINGS ORD	0.05%	Food Processing(NEC)	
160	CJ CGV ORDINARY	0.05%	Theatres & Performing Arts	
161	DONG-A ST ORD	0.05%	Proprietary & Advanced Pharmaceuticals	
162	BORYUNG PHARM ORD	0.05%	Generic Pharmaceuticals	
163	LOTTE CHILSUNG ORD	0.05%	Non-Alcoholic Beverages(NEC)	
164	DONGA SOCIO ORD	0.05%	Pharmaceuticals(NEC)	
165	GKL ORD	0.05%	Casinos	
166	HANSAE ORD	0.05%	Knitwear	
167	JW PHARMAC ORD	0.05%	Proprietary & Advanced Pharmaceuticals	
168	HD GREENFOOD ORD	0.05%	Food Retail & Distribution(NEC)	
169	S&T MOTIV ORD	0.05%	Engine & Powertrain Systems	
170	POONGSAN ORD	0.05%	Specialty Mining & Metals(NEC)	
171	TAEKWANG IND ORD	0.05%	Plastics	
172	HANDSOME ORD	0.05%	Apparel & Accessories(NEC)	
173	CUCKOO HOLDINGS ORD	0.05%	Kitchen Appliances	
174	LOTTE HIMART ORD	0.05%	Consumer Electronics Retailers	
175	LIGNEX1 ORD	0.05%	Aerospace & Defense(NEC)	
176	DONGKUK STEEL ORD	0.05%	Iron & Steel(NEC)	
177	DONGWON F B ORD	0.05%	Ready-Made Meals	
178	KEPCO E&C ORD	0.04%	Nuclear Power Plant Construction	
179	HDC HOLDINGS ORD	0.04%	Construction & Engineering(NEC)	
180	LG HAUSYS ORD	0.04%	Construction Supplies & Fixtures(NEC)	
181	DONGWON SYSTEMS ORD	0.04%	Non-Paper Containers & Packaging(NEC)	
182	LG INTERNATIONAL ORD	0.04%	Diversified Industrial Goods Wholesale	
183	SAMYANG ORD	0.04%	Food Processing(NEC)	
184	LOCK&LOCK ORD	0.04%	Non-Paper Containers & Packaging(NEC)	
185	BINGGRAE ORD	0.04%	Frozen Food Manufacturing	

186	NEXEN TIRE ORD	0.04%	Tire & Tube Manufacturers	
187	SAMYANGHOLD ORD	0.04%	Food Processing(NEC)	
188	AEKYUNG IND ORD	0.04%	Personal Products(NEC)	
189	SPC SAMLIP ORD	0.04%	Bread & Bakery Product Manufacturing	
190	HANIL HY CEMENT ORD	0.03%	Cement & Concrete Manufacturing	
191	NAMHAE CHEMICAL ORD	0.03%	Fertilizers	
192	UNID ORDINARY	0.03%	Commodity Chemicals(NEC)	
193	TAEYOUNG CONST ORD	0.03%	Construction & Engineering(NEC)	
194	LF ORD	0.03%	Men's Clothing	
195	SEBANG GLOBATRY ORD	0.03%	Automotive Batteries	
196	BGF ORD	0.03%	Supermarkets & Convenience Stores	
197	DAEKYO CO LTD ORDINARY	0.03%	Education & Training Information Providers	
198	SEAH BESTEEL ORDINARY	0.02%	Iron & Steel(NEC)	
199	LOTTEFOOD ORD	0.02%	Food Processing(NEC)	
200	HALLA HOLDINGS ORD	0.02%	Engine & Powertrain Systems	

○ HSCEI(투과법 미적용 대상: 개별종목 중 최대 비중은 19.26%, 5개 종목 비중 합은 51%)

	종목 이름	비중	섹터	표준신용등급	통화
1	BABA-SW ORD	19.26%	E-commerce & Auction Services	A+	USD
2	TENCENT ORD	15.85%	Online Services(NEC)	A+	HKD
3	ICBC ORD H	6.04%	Banks(NEC)	A	CNY
4	MEITUAN-W ORD	4.87%	E-commerce & Auction Services		HKD
5	PING AN ORD H	4.80%	Life Insurance		CNY
6	CCB ORD H	4.28%	Banks(NEC)	A	CNY
7	ABC ORD H	3.77%	Corporate Banks	A	CNY
8	CHINA LIFE ORD H	3.72%	Life Insurance	A+	CNY
9	BANK OF CHINA ORD H	3.45%	Banks(NEC)	A	CNY
10	CM BANK ORD H	3.25%	Banks(NEC)	BBB+	CNY
11	CHINA MOBILE ORD	3.13%	Wireless Telecommunications Services(NEC)	A+	HKD
12	PETROCHINA ORD H	2.49%	Integrated Oil & Gas		CNY
13	PSBC ORD H	2.15%	Corporate Banks	A	CNY
14	XIAOMI-W ORD	1.68%	Phones & Smart Phones	BBB-	HKD
15	SINOPEC CORP ORD H	1.56%	Oil & Gas Refining and Marketing(NEC)	A+	CNY
16	CHINA SHENHUA ORD H	1.11%	Coal(NEC)		CNY
17	CHINA VANKE ORD H	1.09%	Residential Real Estate Rental & Development	BBB+	CNY
18	CNOOC ORD	1.05%	Oil & Gas Exploration and Production(NEC)	A+	HKD
19	BANKCOMM ORD H	1.03%	Banks(NEC)	A-	CNY
20	CONCH CEMENT ORD H	0.99%	Cement & Concrete Manufacturing	A	CNY
21	CPIC ORD H	0.96%	Life Insurance		CNY
22	MINSHENG BANK ORD H	0.92%	Corporate Banks	BBB-	CNY
23	LONGFOR GROUP ORD	0.81%	Real Estate Rental, Development & Operations(NEC)	BBB	HKD
24	CHINA RES LAND ORD	0.79%	Real Estate Rental, Development & Operations(NEC)	BBB+	HKD
25	CITIC BANK ORD H	0.75%	Corporate Banks	BBB+	CNY
26	CHINA TOWER ORD H	0.73%	Telecommunication Construction		HKD
27	ANTA SPORTS ORD	0.71%	Footwear(NEC)		HKD
28	COUNTRY GARDEN ORD	0.67%	Real Estate Rental, Development &	BB+	HKD

			Operations(NEC)		
29	SHENZHOU INTL ORD	0.62%	Knitwear		HKD
30	CHINA TELECOM ORD H	0.58%	Wireless Telecommunications Services(NEC)		HKD
31	CITIC ORD	0.51%	Banks(NEC)	BBB+	HKD
32	SINO BIOPHARM ORD	0.49%	Pharmaceuticals(NEC)		HKD
33	GEELY AUTO ORD	0.48%	Auto & Truck Manufacturers(NEC)	BBB-	HKD
34	CHINA UNICOM ORD	0.47%	Wireless Telecommunications Services(NEC)		HKD
35	CHINA RES BEER ORD	0.47%	Brewers(NEC)		HKD
36	MENGNIU DAIRY ORD	0.45%	Dairy Products	BBB+	HKD
37	SUNAC ORD	0.44%	Real Estate Rental, Development & Operations(NEC)	BB-	HKD
38	SUNNY OPTICAL ORD	0.42%	Electronic Equipment & Parts(NEC)	Baa2	HKD
39	PICC P&C ORD H	0.36%	Insurance-Automobile	A1	HKD
40	CSPC PHARMA ORD	0.36%	Pharmaceuticals(NEC)		HKD
41	CHINA GAS HOLD ORD	0.35%	Natural Gas Utilities(NEC)		HKD
42	SHIMAO GROUP ORD	0.35%	Real Estate Rental, Development & Operations(NEC)	BB+	HKD
43	ENN ENERGY ORD	0.29%	Natural Gas Distribution	BBB	HKD
44	GUANGDONG INV ORD	0.25%	Water Supply & Irrigation Systems		HKD
45	CHINA RES GAS ORD	0.24%	Natural Gas Distribution	A-	HKD
46	FOSUN INTL ORD	0.24%	Multiline Insurance & Brokers(NEC)	Ba3	HKD
47	HENGAN INTL ORD	0.20%	Sanitary Products		HKD
48	CONCH VENTURE ORD	0.20%	Waste Management, Disposal & Recycling Services		HKD
49	WANT WANT CHINA ORD	0.20%	Dairy Products	A3	HKD
50	CHINA TAIPING ORD	0.13%	Life Insurance	BBB+	HKD

구조화 상품 소개

부록2에서는 주식, 통화, 금리 구조화 상품에 대한 대표적인 거래를 소개하고 자 한다. 신표준방법 규제자본은 기본적으로 상품에 대한 이해를 출발점으로 하고 있으므로 상품의 손익구조와 주요 리스크를 이해하는 것이 도움이 될 것으로 본다.

○ ELS(주식 구조화 상품)

1. 정의

ELS(Equity Linked Security: 주가연계증권)는 주가 수준에 따라 쿠폰 수준이 결정되는 증권을 말한다. 주가가 아닌 기초자산(금리, 환율, 상품 등)에 따라 쿠폰 수준이 결정되는 증권을 DLS(Derivatives Linked Security)라 하여 구분한다. ELS는 주가 수준에 따라 원금 손실이 발생할 수 있으며 발행사 부도 시 원금 손실이 발생할 수 있다. 자본시장법상 증권사만 발행할 수 있어 증권사에서 해당 상품을 주로 취급하고 있다. 일부 은행들은 증권사가 발행하는 상품들을 제공하기 위해 원 발행사 역할을 수행하고 있다.

과거 국내 개별 주식들을 기초자산으로 하던 시절이 있었지만 최근에는 글로벌 대표 주가지수를 기초자산으로 하고 있으며 광의의 ELS보다 시장에서 거래되는 대표적인 ELS 상품을 지칭하는 협의의 단어로 많이 사용된다. 쿠폰 수준을 높이기 위해 바스켓 구성 수도 지속적으로 증가하여 5개까지 발행된 적도 있지만 최근 대표적인 바스켓 구성 수는 3개이다.

쿠폰 수준을 결정하는 주요 변수는 발행 시점 주가지수 변동성 및 주가지수 간의 상관계수이다. 동일 조건이라 하더라도 주가지수 변동성이 높은 시점이거나 주가지수 간의 상관계수가 낮은 시점에 발행되는 ELS가 더 높은 쿠폰을 제시한다. 물론, 일반 투자자들은 변동성이나 상관계수 같은 시장 정보에 친숙하지 않기 때문에 향후 주가가 급격히 하락하지 않는지, 쿠폰 수준은 일반 예금보다 어느 정도 높은지를 고려하여 투자상품을 선택한다. 본 책에서 예시로 든 ELS 포지션은 원 발행사 입장을 말한다.

2. 거래 조건(예시: No Knock-In)

- **만기**: 3년
- **기초자산**: KOSPI200, S&P500, EUROSTOXX50
- **바스켓 수익률**: Worst of
- **액면통화**: 달러
- **쿠폰**: 연 4%
- **조기상환 주기**: 6개월
- **조기상환 배리어**: [90 90 85 85 75 60]
- **손익구조**:
  ① 조기 상환일:
      바스켓 수익률이 조기상환 배리어 이상인 경우 누적 연 쿠폰 지급
  ② 만기 상환일:
      바스켓 수익률이 만기상환 배리어 이상인 경우 누적 연 쿠폰 지급
      바스켓 수익률이 만기상환 배리어 미만인 경우 원금 손실 발생

3. 리스크 프로파일

- 가격 리스크, 변동성 리스크, 주가지수 상관계수 리스크, 콴토 상관계수 리스크, 환 변동성 리스크, 조기상환 배리어 관련 Pin 리스크가 있다.

- 상관계수 리스크는 바스켓 구성 수가 증가하거나 주가가 하락할수록 증가하는 반면 헤징 수단이 없는 제약이 있다.
- 델타 및 베가 헤징은 장내 선물 및 장내 옵션으로 하게 되지만 조기상환이 이연되면서 듀레이션이 증가하는 경우 상대적으로 유동성이 적은 장내옵션 장기물 포지션의 추가 취급이 필요할 수 있다.
- 시장급락으로 인한 듀레이션 증가 시 Pin 리스크 관리를 위한 헤징 비용이 증가할 수 있다.
- 바스켓 구성 수가 증가할수록 헤징이 어려운 크로스감마 리스크가 증가한다.
- 주가지수 상관계수 리스크는 시장 급락 시 증폭되는 특징이 있다.
- 해외주가지수 취급으로 인한 환율 리스크 및 환율 변동성 리스크에 노출되어 주식과 환율이 동시에 급하게 변동할 경우 헤징 비용이 예상과 달리 증폭될 수 있다.

4. ELS 마진콜 사태(2020.03월)

2020.3월 코로나-19발 금융시장 충격으로 글로벌 주가지수는 모두 급락했다. 이때 ELS 북운용을 하는 금융기관들은 1보다 커진 델타로 인해 거래규모보다 많은 기초자산을 매수해야 했다. 이러한 헷지자산 운용규모 확대로 증거금 부족 현상이 발생되었으며 이로 인해 마진콜이 발생하였다. 이러한 증거금 납부를 위해 발행사들은 단기채권을 매각하였고 이로 인해 단기금융시장 왜곡이 나타났으며 처분한 채권을 달러로 환전하면서 원달러 환율이 급등하였다. 결국 주식 구조화상품 하나로 인해 금융시장 전체가 출렁이는 시스템 리스크가 발생한 것이다. 일련의 사태 진행 단계는 다음과 같다.

코로나19 공포 → ELS 파생상품 스텝다운 → 대형증권사 1조 ELS 마진콜 → 달러 현금 증거금 부족 → 환전 수요 → 환율 급등 → 한국은행 한미통화스와프 → 한은 공개시장 조작까지

◦ Target Redemption Forward(통화 구조화 상품)

1. 정의

누적 수익이 일정 금액 이상이면 만기 전 조기 종료될 수 있는 선도 거래를 말한다. 스트립 형태의 통화선도계약으로 거래되며 각각의 만기일에 정해진 금액(예를 들어, 1백만달러)을 행사환율로 매입(매도)하는 방식으로 정산된다. 즉, 행사환율은 동일하고 만기 차이가 나는 일련의 통화선도 거래들을 하나의 계약으로 묶어서 거래하는데 행사로 인한 누적 수익이 일정금액에 도달하면 거래는 자동 종료된다.

2. 거래 조건(예시)

- **현재환율**: 1,060, **행사환율**(K): 1,100
- **조기종료조건**: 누적 손익 120원 이상인 경우
- **명목금액**: 120백만 달러
- **만기**: 1년(월 단위 결제)
- **손익구조**: 만기환율이 행사환율 이하인 경우(행사환율−만기환율)×10백만 달러
- **확정 금액**

	Expiry Date	만기환율 (원)	수익 (1달러당, 원)	누적 수익 (1달러당, 원)	달러 매도 금액
1	2020-06-30	1050	50	50	USD 10,000,000
2	2020-07-31	1060	0	50	USD 10,000,000
3	2020-08-31	1040	60	110	USD 10,000,000
4	2020-09-29	1080	20	130	거래 종료
5	2020-10-30	거래 소멸			
6	2020-11-30				

3. 리스크 프로파일

- 환율이 급 변동할 경우 거래는 조기 종료되기 때문에 비선형 파생상품이라 하더라도 커버쳐리스크는 대부분 발생하지 않는다.

- 거래가 조기 종료될 수 있는 옵션성을 가지고 있어 환율 델타 외에 베가 리스크가 발생한다.
- 수익구조 특수성으로 인하여 잔여리스크가 발생한다.

⊙ Callable Swap(금리 구조화 상품)

1. 정의

고정금리를 지급하는 스왑 거래자가 해당 거래를 조기에 청산할 수 있는 옵션을 가지고 있는 경우 callable swap이라고 한다. 고정금리가 상수가 아닌 특정 조건을 만족하는 경우 이자가 발생하는 "range accrual swap", 특정 금리 스프레드에 연동하여 이자가 발생하는 "spread swap" 등 구조화 스왑 형태는 다양하다. 본 책에서 예시로 제시한 구조화 스왑은 단순 고정 금리를 지급하고 연 단위로 스왑을 조기 청산할 수 있는 상품이다.

2. 거래 조건

- **만기**: 20년
- **현금 교환**: 고정(3.05%) 지급, 변동(CD91+0.3%) 수취
- **콜 옵션 행사 주기**: 1년
- **현금 교환 주기**: 3개월
- **액면금액**: 100억원

3. 리스크 프로파일

- 금리 델타, 베가, 커버쳐리스크가 있다. 원화 금리옵션 유동성은 "cap/floor" 보다 "swaption"이 높기 때문에 스왑선 변동성을 사용하여 평가 및 헤지 포지션을 구축하는 것이 관행이지만 기관마다 사용하는 변동성 데이터는 차이가 날 수 있다.
- 콜 옵션 행사는 논리적으로는 옵션 행사일 기준 스왑 가치가 양수인 경우 행사해야 하지만 실제 옵션 행사는 이와 다르게 정성적인 요인(트레이더 손

익, 전략적 듀레이션 관리 등)으로 더 많이 이루어진다.

• 수익구조 특수성으로 인하여 잔여리스크가 발생한다.

신용파생상품 소개

1. 상품 유형

○ Cash CDO

- Cash CDO 유형은 CDO of CDO, HG ABS CDO, Mezz ABS CDO, TruPS, CLO 등 담보 포트폴리오 구성에 따라 다양하게 구분된다.

- Cash CDO 평가에는 담보 포트폴리오를 구성하는 자산의 신용등급, 만기, 유형(RMBS, CMBS, ABS, TruPS, CLO, HG ABS CDO, Mezz ABS CDO 등)에 따라 구분되는 신용스프레드 정보가 활용된다.

- 평가방법은 신용스프레드에 내재된 부도율 정보를 활용하여 담보 포트폴리오의 미래현금흐름을 예측한 후 각각의 트렌치에 waterfall 방식으로 현금(이자와 원금)을 배분한다. 따라서 담보 포트폴리오에서 발생하는 현금이 적을수록 하위 트렌치에 배분되는 현금은 적게 되며 현재 가치 역시 감소하게 된다.

- Cash CDO 이자 발생 흐름

  (class A: senior, class B: mezzanine, class C: subordinated)

Cash Flow CDO: Interest Waterfall

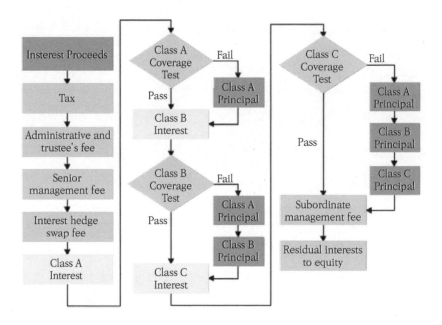

■ Cash CDO 원금 상환 흐름

(class A: senior, class B: mezzanine, class C: subordinated)

Cash Flow CDO: Principal Waterfall

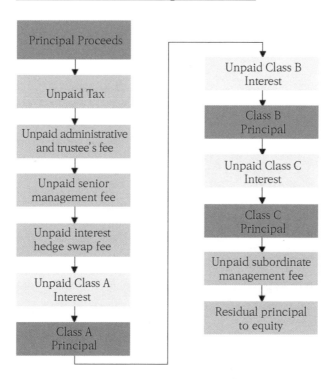

◦ Synthetic CDO

- Cash CDO와는 다르게 synthetic CDO 담보 포트폴리오를 구성하는 개별 자산은 일반 회사채에 대한 CDS이다.
- 개별 CDS에 대한 스프레드는 일별 시장호가가 있어 시장정보가 투명하며 평가가 용이하다.
- Synthetic CDO의 평가를 위해서는 우선적으로 개별 CDS의 스프레드 정보를 활용하여 담보 포트폴리오의 손실을 예측해야 한다. 예측된 담보 포트폴리오의 손실에 따라 synthetic CDO의 현재 가치가 결정된다.

- 예를 들어 투자한 CDO 트렌치 손실시작점이 7%이며 손실종료점이 8%인 경우
  - ① 담보 포트폴리오의 손실이 7%인 경우
    - ⇒ 투자한 CDO 트렌치의 원금 100% 보전
  - ② 담보 포트폴리오의 손실이 8%인 경우
    - ⇒ 투자한 CDO 트렌치의 원금 100% 손실

CDS(Credit Default Swap)

- CDS는 채권이 아닌 스왑 형태로 준거자산(reference entity)이 일반 회사채 또는 synthetic CDO가 될 수 있다.
- 준거자산 신용사건(credit event)이 발생하는 경우 지급보증의 의무가 있으므로 준거자산 가격이 CDS 가격을 결정한다. 준거자산이 일반 회사채인 경우 CDS의 가격결정은 용이하지만 준거자산이 synthetic CDO인 경우 synthetic CDO의 평가가 선행된 후에 CDS의 평가가 이루어질 수 있다.
- 계약 시점의 CDS 프리미엄이 30bp인데 현재 시장에서 준거자산 신용스프레드가 50bp로 거래되는 경우 보장 매도자 포지션에서 CDS의 가치는 떨어지게 되며 상황이 악화되어 실제 준거자산 신용사건이 발생한 경우 준거자산 손실만큼 지급해야 한다. 특히, 준거자산이 synthetic CDO인 경우 CDS는 액면금액 100%의 손실이 발생할 수 있다.

2. 평가 예시

Synthetic CDO

(1) 거래정보

- **잔존 만기**: 5년
- **이표 금액**: 3MLibor+50bp
- **액면 금액**: 1백만달러

- **담보 포트폴리오**: 125개의 개별 CDS로 구성된 포트폴리오
- **손실시작점**: 7%
- **손실종료점**: 8%

(2) 시장정보

- 담보 포트폴리오를 구성하는 개별 CDS의 시장스프레드
- 개별자산 간 상관계수: 30%
- 개별자산 회수율: 40%
- 이자율 곡선

(3) 현재가치

- 일반 회사채 현재가치가 만기수익률로 이표와 원금을 할인하여 결정하는 것처럼 synthetic CDO 역시 만기수익률이 주어지면 일반회사채와 동일하게 만기수익률로 할인하면 된다. 단지 만기수익률은 (1) 담보 포트폴리오의 스프레드, (2) 투자한 CDO 트렌치의 손실시작점과 손실종료점, (3) 트렌치 만기에 따라 달라진다.

- $PV = P \cdot \sum_{i=1}^{N} \exp(-(r_i + spread) \cdot t_i) \cdot C_i$

  C_i: 이표금액(C_N은 이표와 원금의 합), r_i: 무위험이자율,
  $spread$: CDO 트렌치 스프레드, P: 액면금액

- 담보 포트폴리오 평균적인 스프레드 관측을 위한 벤치마크로 사용되는 것은 CDX.NA.IG(CDX: CDS Index, NA: North America, IG: Investment-Grade)로 보통 CDX라고 불리는 지수이며 이는 미국의 대표적인 투자등급 기업 125개의 CDS에 대한 평균스프레드로 볼 수 있다.

- 투자한 CDO 트렌치 스프레드는 담보 포트폴리오의 스프레드만으로 결정되는 것이 아니라 손실시작점과 손실종료점에 따라 달라진다. 실제로, 담보 포트폴리오의 스프레드가 클수록, 손실시작점이 낮을수록, 손실종료점과 손실시작점의 차이가 작을수록 CDO 트렌치 스프레드는 증가하게 되며 결국 CDO 현재가치는 떨어지게 된다.

○ CDS

(1) 거래정보

- **잔존 만기**: 5년
- **거래 프리미엄**: 50bp
- **액면 금액**: 1백만달러

(2) 시장정보

- 시장 프리미엄(준거자산 스프레드): 100bp

(3) 현재가치(보장매도자 포지션인 경우)

- 거래시점 CDS 가치는 0
- 평가시점에 시장에서 거래되는 준거자산의 스프레드가 100bp인 경우 스왑 가치는 떨어지게 된다.
- CDS 가치 = 액면금액 × (거래 프리미엄 – 시장 프리미엄) × 듀레이션

$$= \$1,000,000 \times (50bp - 100bp) \times 4.3$$
$$= \$1,000,000 \times (-50bp) \times 4.3$$
$$= -\$21,500$$

- CDS 가치를 결정하는 주요 요인은 (1) 계약 시점 거래 프리미엄과 현재 시장에서 형성되는 준거자산 스프레드의 차이와 (2) 개별 거래 듀레이션이다.

간편법

1. 도입 배경

시장리스크 신표준방법 적용이 불가능한 경우 규제자본 산출을 위한 대안으로 제시되었다.

2. 적용가능 조건

우선 다음의 조건을 모두 충족해야 한다.
① 글로벌 시스템적 중요 은행(G-SIB: Global-Systemically Important Bank)[2]이 아닐 것
② 모든 트레이딩 데스크에 대해 신내부모형을 사용하지 않을 것
③ 상관관계 트레이딩 포트폴리오를 보유하지 않을 것

실제로, 금융기관이 신내부모형 적용을 하지 않는다면 국내 금융기관들은 위의 세가지 조건을 모두 충족할 것이다. 국내 금융기관들 중에서 G-SIB에 해당되는 곳은 없으며 상관관계 트레이딩 포트폴리오를 보유한 기관들은 더욱 없을 것

---

[2] 2021년 기준 30개로 글로벌 대표적인 투자은행(HSBC, Citigroup, JP Morgan Chase, BoA, Barclays 등)에 해당된다. 반면 D-SIB에 해당되는 국내 금융기관은 5대 금융지주(신한, 하나, KB, 우리, 농협) 및 5대 은행(신한, 하나, KB, 우리, 농협)이 있다.

이기 때문이다. 따라서, 자본에 여유가 있는 기관들의 경우 구표준방법을 활용할 수 있는 간편법 적용을 선호할 수 있다. 단, 간편법은 감독당국의 승인이 있어야 사용할 수 있으므로 감독당국의 간편법 사용에 대한 가이드라인 명시가 선행되어야 할 것으로 보인다.

3. 산출 방법

리스크군별 일반시장리스크(델타), 개별리스크, 옵션리스크(감마, 베가) 합에 리스크군별 SF(Scaling Factor)를 곱하여 산출한다. SF는 신표준방법이 구표준방법보다 어느 정도 증가하는지 예상할 수 있는 지표로 해석된다. 예를 들어, 주식 SF는 3.5로 구표준방법 8% 대비 28% 수준으로 상향 조정하고자 하는 것을 알 수 있다.

리스크군	금리	주식	외환	상품
SF(Scaling Factor)	1.30	3.50	1.20	1.90

찾아보기

ㄱ

가상손익   11, 172
간편법   95, 197
감마   112
개별리스크   116
개시증거금   144
갭 리스크   56
거래상대방리스크   142
거래승수   13
고유동성 통화   30, 46
곡률   113
국채선물   76
기간구조   132
기초자산접근법   111

ㄴ

내재변동성   131
내재변동성 곡면   9

ㄷ

대형주   35
델타 리스크   10
듀레이션   76
등가격   71

ㄹ

레포   13
로그정규분포   28
로컬변동성곡면   98
리스크군   10
리스크버킷   9
리스크요소   9

ㅁ

만기수익률   9
모노 감마   11, 69
모수 추정   80
무위험금리   134
민감도기반리스크   19

ㅂ

바스켓 신용부도스왑   151
버킷   108
버킷간 상관계수   39, 109
버킷내 상관계수   38, 109
베가 리스크   10
베이시스 리스크   11
변동증거금   144
본드 스왑 스프레드   129
부가승수   157

부도리스크　22
부도리스크 모형　173
부도상관관계　149
분산효과　11
불연속부도리스크　11
비선순위　33
비선형 파생상품　122

ㅅ

상관계수　38
상관계수 시나리오　48, 110
상관관계 리스크　56
상관관계 트레이딩 포트폴리오　12, 149
상장지수펀드　92, 124, 137
서브프라임　33
선진시장　35
손실시작점　53
손실종료점　53
손익요인분석　171
수익증권　124
순JTD　50
시장유동성리스크　166
신용(Non-Qualifying)　146
신용(Qualifying)　146
신용가치조정　12
신용부도스왑　92, 151
신용지수　135
신용파생지수　153
신지급여력제도　112
신호등　172
신흥시장　35
실제가격　171
심외가격　131

ㅇ

암호화폐　24
약정서기반접근법　111
옵션성　28
외부신용등급법　13, 51, 53
위험가중치　30
위험채권　86
유동성 시계　166, 167
이론손익　11, 172
이색 기초자산　56
이종통화 베이시스 커브　25, 39, 128
인도지역　21, 45
인플레이션　31, 39
일반 통화　30

ㅈ

자본 시계　138
자본차감법　111
자산군　23
자산상관관계　148
자산유동화증권　87
자산편중리스크　111
잔여리스크　24
정규분포　132
조건부 기대값　169
집합투자증권　111

ㅊ

추가리스크부과　12
축약모형　173

ㅋ

커버드본드　50
커버쳐　112

커버쳐리스크   29, 84
콴토   97
크로스 감마   11

ㅌ

통화쌍   37
투과법   111
투기등급 지수   32
투자등급 지수   32
트렌치 두께   52

ㅍ

편미분계수   27
포괄리스크측정   12
표준신용등급   123

ㅎ

합성담보부증권   88
행동 리스크   56
헤지   11
헤지효과성비율   48

A

AP   135

B

backward difference   130
base correlation   145, 149, 150
BDS   153
bespoke CDO   151
BOR   25

C

callable swap   189

Cash CDO   191
CDO Squared   34, 149
CDS   50, 194
central difference   130
CLO   33
coherent risk measure   168
compound correlation   149, 150
CRM   12
CS01   130, 153
CTP   148
currency pair   37, 160
CVA   142
CVA리스크   12

D

DP   135
DRC   51

E

EaD   23
ELS   73, 96, 185
ElV   85
Equity 트렌치   152
ES   10, 168, 169
ESG   24

F

fallback   164
fat tail   168
forward difference   130
funded ELS   97

G

G-SIB   197

H

Hull-White One-Factor Model   79

I

IG   23
IRC   12
iTraxx   150

J

JTD   11, 50

K

K-함수   13, 173
KIKO   100
KS(Kolmogorov-Smirnov)   172

L

LevX   23
LGD   50
Libor   138
Log-normal Volatility   137
LTA   49

M

Merton 모형   173
mezzanine 트렌치   152
Moneyness   13

N

NMRF   171
Normal Volatility   137

O

OIS   13, 25
One-Factor Gaussian Copula Model   13
optionality   28

P

Par rate   9
parametric VaR   22
PV01   130

R

real price   171
RFR   138

S

SA-CVA   142
second-best rule   52
Senior 트렌치   152
SF(Scaling Factor)   198
SIMM   144
SOFR   134
Spearman 상관계수   172
Stressed ES   170
Stressed VaR   10
Synthetic CDO   88, 193

T

Target Redemption Forward   86, 100, 188
term structure   132
Thickness   52

U

unfunded   73

X

XO   23

Z

Zero rate   9

김미애

학력
- KAIST 테크노경영대학원 경영공학(공학박사, 금융공학전공)
- 서울대학교 대학원 졸업(이학석사, 금융수학전공)
- 서울대학교 졸업(이학학사)

경력
- 하나은행 바젤3 시장리스크 측정 시스템 개발 자문
- 우리금융그룹 바젤3 시장리스크 측정 시스템 개발
- 금융감독원 바젤3 시장리스크 규제 체계 기준서 감수
- 금융감독원 "Fundamental Review of the Trading Book" 규제개혁방안 TF 참여
- 우리은행 리스크 퀀트(부부장)
- KAIST 경영대학 대우교수
- 한국자산평가 채권공학연구소 연구원(과장)
- KAIST 테크노경영대학원 금융공학연구센터 연구원

논문
- A First-Passage-Time Model under Regime-Switching Market Environment, **Journal of Banking and Finance**, 32(12), 2617-2627, 2008. (SSCI)
- 원화신용디폴트스왑의 스프레드 결정에 관한 연구, **재무연구**, 20(1), 1-33, 2007.
- Historical Credit Portfolio Loss Distribution: Using Expected Default Frequency, **Asia-Pacific Journal of Financial Studies**, 35(5), 109-136, 2006. (SSCI)
- 합성담보부증권에 관한 고찰, **선물연구**, 14(1), 127-168, 2006.
- Default Correlation Dynamics with Business Cycle and Credit Quality Changes, **Journal of Derivatives**, 13(1), 8-27, 2005. (SSCI)
- Credit Default Swap Valuation with Counterparty Default Risk and Market Risk, **Journal of Risk**, 6(2), 49-80, 2003/04. (SSCI)

기타
- 대학 강의
  - 투자론
  - 파생금융상품론
  - Financial Market Risk Management 등
- 업계 강의
  - 구조화채권
  - 신용파생상품
  - Fixed Income Modeling
  - FRM
  - 시장위험관리
  - 신용위험관리
  - 금융수리
  - 장외파생상품 리스크관리 방안 등
- 프로젝트
  - 바젤2 시장리스크 표준방법 및 내부모형 시스템 개발
  - 담보부자산 위험관리 시스템 개발
  - 파생상품위험관리시스템 개발
  - 신용파생상품 가격결정모형 개발
  - 바젤3 시장리스크 신표준방법 시스템 개발 등

바젤3 시장리스크 - 신표준방법 해부

초판발행   2021년 9월 30일
지은아   김미애
펴낸이   안종만·안상준

편 집   김민조
기획/마케팅   이후근
표지디자인   이미연
제 작   고철민·조영환

펴낸곳   (주) **박영시**
                서울특별시 금천구 가산디지털2로 53, 210호(가산동, 한라시그마밸리)
                등록 1959. 3. 11. 제300-1959-1호(倫)
전 화   02)733-6771
f a x   02)736-4818
e-mail   pys@pybook.co.kr
homepage   www.pybook.co.kr
ISBN   979-11-303-1396-2   93320

정 가   15,000원